康有為——原著
徐高阮——輯註、蔡登山——主編

康有為的強國夢

《物質救國論》、《理財救國論》

導讀：康有為的工業現代化白皮書

蔡登山

康有為在戊戌政變後，成為清廷通緝的「欽犯」，開始他十六年的流亡生涯。首先（光緒二十四年，一八九八）他逃到香港再到日本，第二年到加拿大，由加拿大到英國，又由英國經加拿大回到日本。光緒二十六、七年在新加坡、檳榔嶼；光緒二十八、九兩年在印度。光緒三十年（一九〇四）他從香港經過阿拉伯、埃及，訪問義大利、法國、瑞士、奧地利、匈牙利、丹麥、瑞典、比利時、荷蘭、德國、英國，然後由歐洲回到加拿大。光緒三十一年他由加拿大到美國，二月在美國洛杉磯寫《物質救國論》。

他在序文中說：「吾既遍遊亞洲十一國，歐洲十一國，而至於美，自戊戌至今，出遊於外者八年，寐寢臥灌於歐、美政俗之中，較量於歐、亞之得失，推求於中、西之異同，本原於新世之所由，反覆於大變之所至，其本原浩大，因緣繁夥，誠不可以一說盡之。但以一國之強弱論焉，以中國之地位，為救急之方藥，則中國之病弱非有他也，在不知講物質之學而已。」這是他自戊戌出亡後遊歷亞歐美八年後帶總結性的反思。在戊戌時期康有為關於中國的主張只是一個「變」字，只是儘量模仿西方國家的「變」，無法說有真正具體的計畫。而他親眼目睹近代物質文明的富麗，以及強國之根本所在。他比較不同國家而得到相當多的啟發，並由這些啟發而深深思考，他要「考其性質色味，別其良楛，察其宜否」，為中國求得再造的「神方大藥」。

康有為筆下的「物質」，乃是機器、技術、工業的同義詞，因此他的《物質救國論》，也可以說是工業救國論也。在這篇三萬字的論文中，據徐高阮的文章指出康有為提出十項要點：

（一）中國的不如歐、美不是在道德方面，只在物質方面。歐洲人百年來「橫絕大地」所靠的是工藝、武器，都是物質；工藝、武器所牽連的政治、法律以及種種科學，都是關乎物質的學問。

（二）中國若模仿歐、美，法律和教化只有加密。學校的空名和自由的空談都使中國謀改造的工作走錯了道路。

（三）魏源在道光時期已說對於西方要「師其長技以制之」，自曾國藩、李鴻章以下都追隨魏源的話，但沒人在這方面有深入的認識和盡力的工作。

（四）中國人不知道物質的建設，每一件必須做到規模與列強相當，標準與列強相等，才有用處。聘用外國的專家來做教習，則應當不惜重費，只要求得有最新方法的人才。

（五）中國人不知道物質的建設事業必須是全面的，物質建設所賴的種種科學的獲得也必須是全面的。浩大的軍費要倚賴財政，財政要靠農、工、商、礦、轉運事業，這些事業要靠物質之學。

（六）物質的事業和學問絕不同於種種政治制度和空論。「此物質者不預蓄數年前，而欲得之於我欲為之時，不可得也。」

（七）列國的富強不靠「道德、哲學空論之說」，「一切空論之學皆無用，而惟物質之為功。」

（八）物質力不但決定國勢的強弱，也決定一個人民的「苦樂、文野」。工藝發達，交通便利，收入增多，用品價賤，以及教育和知識的普及，也就是全靠物質的「媒介橋航」，不是靠任何「空論」。

（九）中國最急要的就是用全國之力求得物質的知識，求知識有兩個主要方法：一個是「大派遊學」，一個是「廣延名匠」。

（十）謀物質的學問的發達也還是一個整套的救國方法的一部份。

康有為的《物質救國論》寫完後就寄給梁啟超，沒想到梁啟超卻擱置不印。光緒三十二年五月二十日康有為給維新黨的廣智書局（上海）負責人何天柱（擎一）的信中質問說：

「《物質救國論》何尚不刻？（原注：吾最注意此事，餘皆妄耳，乃竟擱之兩年，可恨！）吾欲刻一書尚不能，何須廣智乎？」到了光緒三十三年六月七日何天柱給梁啟超的信中說：「南海來書責問《物質救國論》何以不刻？今將原函寄呈，務乞即速覆之，今年來書屢次追問矣。即寄滬印之，更佳。」直至光緒三十四年（一九〇八）方由上海廣智書局鉛字排印出版。而到一九一九年（己未）長興書局再次印行，康有為增加一〈後序〉，在序中他忿忿地說此書當年的遭遇：「當吾昔欲發布此書時，吾門人梁啟超以為自由、革命、立憲足以為國，深不然之，擱置久不印刻，宜國人之昧昧也。」

至於《理財救國論》原載《不忍》雜誌第一冊，一九一三年二月出版。同年上海長興書局出單行本。據康氏前言及跋語，此稿成於一九一二年初夏，發佈前有修改。又《不忍》及單行本僅刊出上篇，康氏前言云「其下篇論租稅者續出焉」，但此後未見續刊。

《理財救國論》談到只要有「理財」方法，國家的窮困立刻可以解除。理財的方法就是「善用銀行」。銀行的原理是「無而能為有，虛而能為盈，約而能為泰」，這個原理的具體表現是建立有可靠基礎的紙幣與公債政策。要有一個在複雜的銀行系統裡居樞要地位的國家銀行，國家銀行要以全國多種銀行以及當押、金銀店應共同擔負的資本為資本，又要借用一筆外資，不作行政和生產之用，只保存不動，作為準備。國家銀行以如上的憑藉發行紙幣，收當時一切舊幣，同時發行無期公債。國家銀行要鑄行金主幣，同時大量搜買金銀，勸導人民改變貯藏金銀和以金銀作飾品的習慣而出賣金銀，使國家銀行的準備擴大，使發行可以擴大。估計國家銀行可籌得初步資本可有一萬萬兩（金）；借外債可到二萬萬兩；發行紙幣八萬萬兩；輔幣二萬萬兩；公債五萬萬兩。總計十萬萬的紙幣中以五萬萬買公債，四萬萬收回舊幣，預計虧墊二萬萬，另以二萬萬作勸業、興業銀行的資本，還餘一萬萬足夠政府的用費，於是國家已不復感受窘困，民間也靠紙幣和公債的流通而有了營運的資財。同時要普遍建立國民銀行，省府縣市的組合銀行，宅地抵押銀行，盡力發展金融業務。國家銀行則可以再擴大準備，再增加發行，有無窮的前途。

在風雨飄搖的晚清末造，康有為因為「遊遍四洲，經三十一國」，雖流亡他國，但他還是時刻牽掛故國，他要採集良藥來醫治祖國的「沉疴」。他提出「救國之道，唯在物質」，「國之強弱，視蒸汽力」，「汽機力即國力」，試圖構建中國從「農耕社會」轉型到「工業世界」，而《物質救國論》和《理財救國論》正是中國工業現代化的藍圖，也是康有為經濟現代化的白皮書。

前言：徐高阮輯註康南海兩篇救國論刊印的說明

侯立朝

浙江杭縣徐高阮先生，生前將康南海兩篇救國論的文章，輯成一冊，準備重刊。目的在表彰康氏在中國思想史上之地位，並喚起國人注意科學研究、經濟發展及財政建設，從開發物質作為救國的起點，使中國達到富強康樂的境域。欲求國強，必先求國富，欲求國富，必先從開發物質著手，這是「衣食足而後知榮辱」之義，乃為先生一貫的救國思想。

先生生前即將此書加以校對、標點，並對原文中所用專名、術語，詳查原文，加以註釋，另附對照表，唯「重刊康南海兩篇救國論序」有目無文，又全稿似尚未經其作最後之審定，卻在憂勞之中，以腦溢血於民國五十八年十月九日逝世，學林悲悼，天下痛惜。而重刊此書之序言，亦永遠成為缺文，此為學術上一大損失亦國家的一大損失。

先生生前有兩大志事：其一是學術救國，其二是物質救國。學術救國在以知識真誠求學術獨立，以學術獨立保障中國獨立；物質救國在以利用外資求經濟發展，以經濟發展保障學術獨立。利用外資的觀點來自孫中山先生的思想，故先生有《中山先生的全面利用外資政策》之作；物質救國的觀點來自康南海先生的思想，故先生有本書之輯註。

先生在學術上無門戶，在政治上無黨派，是一位正直、耿介、刻苦、剛烈、沉思、精細的書生，有高度的正義感，有熾熱的愛國心，有廣博的知識，有無畏的精神，最後死於窮困，死於飢餓，死於黑暗，死於為知識真假的作證上，死於為愛國與賣國的作證上。胡秋原稱他是：一個完人與真人，一個烈士與奇士。是的！他真是一位有聲有色文章報國的奇士，他更是一位無怨無尤永不妥協的烈士！原儒之典型，傳統之豪光。

先生逝世後，始查出此稿係生前交大地印刷廠付印，因時間已久，原稿稍有散亂及不全之處。承大地主人合作，並盡可能收集前後校樣，整理出版。願天下救國書生共讀之。

五十九年二月二十二日

物質救國論序

大昏也，博夜也，墜乎重淵，蕩乎大漠，泛乎溟海，霁霧濛濛，飛沙重重，洪濤洶洶，昧目無見，魂蕩魄驚，則有迷道而失所，妄行而無之者矣。中國者數千年一統者也，自以為天下而非國甚於羅馬者也，以文物戰勝其隣而晏然自足者也。一旦飛船、奇器排闥破門而入，有若諸星之怪物忽來吾地，所挾之具皆非吾地所有，空吾地之物而無以拒之，則必全地蒼攘，沈沈而莫測，徬徨而無術，才人智士紛紜獻策，而皆無當。蓋未遊諸星，未能深知其所挾之具，而議擬測度之，或得一端，而不見其全體，雖欲不迷行失步而不得也。中國今者猶是也。

乙未、戊戌以前，舉國鼾睡，無可言也。至庚子以後，內外上下非不知吾國之短而思變法以自立矣，則舉措茫然，不知歐、美富強之由何道，而無所置足也。議者紛紜，各自以其測天之識而猖狂論之，謂天圓覆猶笠也，謂地平方猶塊也。當同、光之初，曾文正、李文忠、沈文肅諸公，草昧初開，得之太淺，則以為歐、美之強者在軍、兵、砲、艦，吾當治軍、兵、砲、艦以拒之，而未知彼軍、兵、砲、艦之有其本也。至乙未東敗之後，知之漸進，以為歐、美之強在民智，而開民智在盛學校也，於是十年來舉國爭事於開學矣。至戊戌之後，讀東書者日盛，忽得歐、美之政俗學說，多中國之所無者，震而驚之，則又求之太深，以為歐、美致強之本在其哲學精深，在其革命、自由，乃不審中國病本之何如，乃盡棄數千年之教學而從之。於是辛丑以來自由、革命之潮彌漫捲拍，幾及於負床之孫，三尺之童，以為口頭禪矣。醫論日以多，藥方日以難，脈證日以亂，病勢日以深。當此危命如絲彌留喘息之時，言學之參朮，既遲不及救，言自由、革命之天雄、大黃，益以促其生。俄之破壞中立，既欲窺新疆，英伸手取藏，而德則忍俊不禁，明索山東矣。大勢岌岌，瓜分可憂，而我舉國上下尚復瞽者論日，盲人騎馬，危乎哀哉，其可畏也！

吾既遍遊亞洲十一國，歐洲十一國，而至於美，自戊戌至今，出遊於外者八年，寐寢臥灌於歐、美政俗之中，較量於歐、亞之得失，推求於中、西之異同，本原於新世之所由，反覆於大變之所至，其本原浩大，因緣繁夥，誠不可以一說盡之。但以一國之強弱論焉，以中國之地位，為救急之方藥，則中國之病弱非有他也，在不知講物質之學而已。中國數千年之文明實冠大地，然偏重於道德、哲學，而於物質最缺。然即今之新物質學亦皆一二百年間誕生之物，而非歐洲夙昔所有者，突起橫飛，創始於我生數十年之前，盛大於我生數十年之後，因以前絕萬古，恍被六合，洪流所淹，浩浩懷襄，巨浸稽天，無不滔溺，自英而被於全歐，自歐而流於美洲，餘波蕩於東洋，觸之者碎，當之者靡，於是中國疇昔全大之國力自天而墜地，苟完之生計自富而忽窮。夫四海困窮，則天祿永終，肢體繭縛，痿痺不起，則有宰割之者矣。

夫勢者力也，力者物質之為多，故方今競新之世有物質學者生，無物質學者死。小國若緬甸、安南、高麗無物質學者立死。文明大國若突厥、波斯、西班牙無物質學者少遼緩其死，然削弱危殆而終歸於亡。吾既窮覽而深驗之，哀我國人之空談天而迷大澤也，乃為《物質救國論》以發明之，冀吾國吏民上下知所鑒別而不誤所從事焉。天之將暝，為時無多；夜之將旦，鷄鳴嘐嘐；迂道而行，將不及期；之楚北馬，愈遠愈非。及風雨之未烈，綢桑土以禦之。勿迷大澤，凍死無歸。嗟我兄弟，霧雪淒迷，遵道而行，我心傷悲。指南之針何歟？其在物質兮猗！

孔子二千四百五十六年即光緒三十一年二月，南海康有為序於美國之羅生技利。

後序

康有為發布《物質救國論》十六年矣。中國國事百變，醫雜藥亂，而中國不救，其貧弱益百千倍，日墜益危，皆由病論誤之也。今經歐洲大戰之效，物質之發明益盛。五十六生的之巨礮可轟二百餘里，飛天之船可十六時而渡大西洋。德之強而欲吞全歐，以物質。英、法之能力抗四年，以物質。美之富甲全球，以物質。凡百進化，昔以物質。此既成效彰彰較著矣。然當吾昔欲發布此書時，吾門人梁啟超以為自由、革命、立憲足以為國，深不然之，擱置久不印刻，宜國人之昧昧也。近者吾國上下紛紛知言實業矣，而不得其道之由，亦猶之沙漠而行迷途，盲人瞎馬，夜半臨池猶昔也。或進以社會至平之義，豈不持之有理哉？無若未至其時而誤行之，徒足以召亂也。今復重印此論，舊者未遊涉外國，未見及此，新者或輕為歐、美至粗淺之事，未知肯服此方不？若猶未也，吾中國以貧弱坐亡無可救也。嗚呼，誨爾諄諄，聽之藐藐，奈之何哉！吾為中國人，不能忘中國，強聒不捨，聊盡我心而已。

己未六月，康有為又記。

目次

《理財救國論》

《物質救國論》

一、彼得學船工

光緒三十年八月十九日，吾遊荷蘭，在鴿士道大（Amsterdam）市出海口凡十三里，地名山泵（Zaandam），觀彼得（Czar Peter）學船舊屋遺蹟，二百八十年矣[1]，至馬車不通處，遵小徑行得之。屋以板為之，高六七尺，如中國漁家屋然，分兩室，深二丈許，今半傾頹，以木架扶之，入門即為竈矣，其煙氣薰蒸可想。陳一桌數几，皆彼得遺物；室西北隅一櫥，矮短黑色，豈知即床也，前垂遺帳，大二尺許，壞紗已破，污舊黝黑。入內室則作工處，有彼得三像。一帝、后像，極莊嚴者也。一彼得操工像，倚斧於地，壺、冠皆在地，眼如望羊，其目營四海耶？一像操鋸，方造小舟，其從臣在側作書，貌尤英絕。前有小玻窗四門，上有玻鑲之，其側一小玻窗。今有大廈飾紅紫偉麗者覆蓋之，則今俄王亞力山大[2]請於

1 大彼得到山泵（Saandam，山達姆）寄住某人小木屋，在一六九七年八月；康有為遊荷蘭，訪此木屋，在一九〇四年九月（光緒三十年八月十九日，距彼得住此計二百〇七年。有為稱遺蹟「二百八十年矣」，或記所聞此屋始建以來之年歲。山泵在十七世紀為一造船中心，但彼得在此屋僅住一週，即往Amsterdam（鴿士道大，阿姆士德丹），學造船，凡四月。惟山泵木屋成為歷史名蹟。

2 「今俄王亞力山大」〔三世〕（1881-1894），當為尼古拉二世（Nicholas II, 1894-1917）之誤。早在一八一

荷而築之也，今八年矣。吾購得其影像，歸以示國人；瞻眺感嘆，流連而不能去也。

康有為曰：嗚呼！天下今古萬國，豈聞帝王而親執勞役，苦身作工者乎？板屋敝陋如此，衢道污狹如此，傭保雜廁如此，其苦難污穢士夫富人猶難受之，此豈玉殿瑤臺、紫宮黼、座陛仗警蹕之王者所能忍乎？而彼得乃能安之數年，忘其苦辱者，彼見己國之短乏在物質也，其得之也則闢地萬里在指顧也，故彼得不知其勞辱也：但見此即奏凱報捷之甘泉宮也，但見此即威黑海收東亞之縮圖也，有此在其心胸中，故忘其勞辱也。若不知屈己學工也，則緬王之欲英使跪而不得也，以黃幔遮英使之足，而身囚印度島，國且夷矣。印度王侯、士大夫不知國之強弱在物質學，而但欲革命自立也，則萬里之土疆，三萬萬之士民，皆夷為奴隸矣。欲發憤求強立而不知其道，則盲人騎瞎馬，夜半臨深池也。今吾國人欲變法自強，不知學彼得之講物質學，而師印度之張空拳以革命自立，則其去俄且遠，而不為印度也幾希！

聞彼得之變法自強也，令群臣子弟分往意大利學製小船，往荷蘭學製巨艦；自更服從船匠學藝，手製帆檣，凡鋸木、截鐵、造纜、製帆皆學焉；就波蘭醫院學醫，格物院學格致。

八年，荷蘭王威廉一世（William I）購得彼得曾寄住之木屋，賜王太子妃俄國女大公安娜・保羅娜（Anna Paulowna），王太子後來即是威廉二世；安娜得此屋，曾命築牆以護之，後損壞。至一八七九年，威廉三世以此屋贈俄國亞力山大三世，亞力山大命於屋之四面加木支柱，並將全屋升高，墊以石基；一八九五年，尼古拉二世始命造一廈覆罩全屋。據Saandam觀光處說明。

彼得念歐洲各國所由強在於工藝，大募法、荷、瑞巧匠，面試其技，優者招住本國，開廠教工；又聞英藝尤巧，遂之英，學造船、造鐘錶，學天文、算法，遇奇材異能皆聘至俄用之；又遊法，受業於大學，凡繪畫所、刻石所、天文器所、金絨所、織所、格致所，皆延其名匠歸俄以充教習；陰召瑞典之巧匠居俄，厚待之，用以興窰開礦，開凡百製造之業；其世爵、大僧子弟皆遣習兵學，遊學各國，學工藝，其惰而無成者發在王宮充苦差；大開工廠，使民習各國之工藝；令民不讀書者不得承父產；大開海軍學堂，習海舟戰術。夫俄起自野蠻荒寒之小國，而彼得三十年間乃闢地九千方里，聲震全歐，後世承之為第一強國者，則以彼得能自知己國所短，而採用各國之工藝故也。

彼得非徒知己國短而欲師各國之技也，乃至屈帝王之尊，躬雜傭役之列，親執勞辱之事以先之；又使其群臣、世爵、大僧子弟及人民大往各國分學之，而自開工廠於本國而自教之，蓋深知彼己之短長，極校國力之厚薄，乃知強弱之故不在人民之多寡，土地之大小，而在物質、工藝之興盛否也。故遍觀各國有物質學者盛強，無物質學者衰微，是故彼得聚精會神，降志辱身，不憚勞辱，竭國力而為之，而即及身收其效也。各大地古今之帝王無有能舍國遠遊，雜廁傭工，親執勞役者，惟彼得一人能之，是其英絕之心力絕出千古，故俄之驟長亦絕出一時也。俄本野蠻，政法皆無，所乏非獨物質也。若中國則數千年之政法本自文明，所乏者獨物質耳，若能如彼得之聚精會神，率一國之官民，注全力以師各國之長技，則中國自盛強，遠過於俄彼得，又可斷斷也。

荷蘭國海口山泵遊俄彼得學舟遺板屋矮小敝陋以帝王之尊屈身學工古今未有感嘆憤發

板屋濱河邊，高廣蔽風雨，云是大彼得，學製船於此。
遺灶對臥榻，疏布遮牀處，几桌凡四事，樸陋苦難似，
昂頭戶礙眉，伸手瓦觸紙。遺像猶在壁，執斧舟斜倚，
身上賤工服，目若營大地。眉宇天人姿，顧矚有雄氣，
當時同業者，寧知帝王□？玉座何尊崇，紆身執勞肄。
深宮何安樂，久習能捐棄。臣妾亦已眾，雙身走萬里，
日與工人伍，降辱成舟技。豈不憚孤苦，歸成圖霸志，
迄今橫三洲，雄圖覇大地。乃知英雄主，舉動自殊異，
橫覽古帝王，神武無可儗。我儀主父偃，瓌瑋差可比，
變服學騎射，入關窺秦主。王者欲強國，苦身猶胥靡，
況茲我庶士，勞辱更何齒？歐人所由強，物質擅作器，

百年新發明，奇偉不可記，遂令全地球，皆為歐人制。
吾國大物博，所乏製造識。士夫習尊大，難勞身降志。
何況帝者崇，玉食九重蔽。坐茲成孱弱，眾強召吞噬。
沈吟古今人，最敬彼得帝，昔者編其傳，寫黃進丹陛。
聖上為感動，變法大猛厲，忡忡震予心，大業傾不世。
豈知九萬里，來視舊廬敝？木架與支持，遊者踵相曳，
大廈覆其外，丹碧聳瓌麗。遺構及像設，拓影杯細盤，
大購數十種，將以贈國士。感嘆喟然興，聳立起強志。

二、論歐洲中國之強弱不在道德哲學

偽歐洲者今世號稱文明發生之地也，吾既遍遊各國而深觀盡攬之矣。雖有所未盡，然其大體亦既暴露矣。若其展轉發達之由，亦既考其所以然而審其進化之序矣。未遊歐洲者，以為其地皆玉堂、瓊樓、閬苑、瑤池，以為其人皆神仙、豪傑、賢聖、明哲，以為其政皆公明、正直、平等、自由。及今遊之，則其乞丐之夫，窮困之子，貪詐、淫盜、殺掠之風，苦惱之情，飢寒、污穢之狀，壓制、等別之事，及宮室之古陋、卑小，道路之狹隘、不潔，政治之機巧、變詐、專制、壓抑、隔絕、不完不備：一切人情、風俗、事勢乃皆與中國全同合化而無有少異。蓋凡人道皆有形骸，則皆待於衣食、居處。當中世千年黑暗時；固遠不及我國；即在近世論道德之醇厚，我尚有一日之長。即不易比校，然亦不過互有短長耳。今以其一日之強富，宮室、器用之巧美，章程、兵政之修明，而遂一切震而驚之，尊而奉之，自甘以為野蠻，而舉中國數千年道德、教化之文明一切棄之，此大愚妄也。

蓋號稱為人者，必圓首方足，五官百骸，不能離形而僅有靈魂以自立也。既有形骸，則有待於聲色、臭味、衣食、居處，則有餘不足之數，而貧富、貴賤、權勢、利害出焉。有勢則挾，有害則避，有欲則爭，不得則求；有求有爭而不遂則貪詐、盜殺、機巧、變詐、壓制、苦惱之諸惡心起。故夫惡心之輕重大小，視其求爭之風之輕重大小為差。苟非絕無教化之野番，日以殺掠為業，以漁獵為生者，則凡諸國之俗之美惡不能以大小強弱而差論也。強大之國，衝繁之地，其所挾避求爭之勢最甚，則其相迫而為貪偽、盜殺、機巧、變詐、壓制、苦惱之風亦最甚。弱小之國，地方僻簡，求爭不繁，無所於迫，故其貪偽、盜殺、機巧、變詐、壓制、苦惱之風亦不甚。夫從來鄉人樸鄙而愨，都士文巧而詐，既有然矣。

故夫文明者，就外形而觀之，非就內心而論之。以吾所遊大地幾遍，風俗之至仁厚者應以印度為冠焉。吾頻與印人行遊，中途忽抱曳吾繞道行，吾怪詫之，則指地下之蟻隊，慮吾之踐之也。吾室嘗有蟲，命印度僕撲之，僕謂不可，責之則力爭之，以為不仁，終不奉命。後乃與商，放之竹外，乃奉命。吾深入其窮僻鄉，皆寂然坐道，無鬧者，無譁者，客來則讓道，油塗身而道拜，日誦經於途，食充則止。遊於西藏、哲孟雄、廓爾喀之間，隨所在野人家皆可入宿，讓牀與客，授餐與被，行時贈以金不受。以中國內地言之，窮鄉多類是，而都邑則否。可由是推之，鄙僻之區多道德，而文明之地道德反衰，蓋巧智之人多外觀而少內德也比比矣。夫以印度之民愛及蟲蟻，終日諷經拜禱，不尚武爭，故二千年來累滅於外族，則道德之鞭辟太深，仁厚遜讓之俗太甚所致也。今印度既滅，降為奴虜，為萬國所輕賤久矣。如以道德論文明也，則吾斷印度之文明為萬國第一也。

美國者今大地號為最富盛好自由之國也，吾聞芝加高（Chicago）一埠而一歲之獄凡二十萬事。繁盛則繁盛矣，而犯罪者若是其眾也，則其治化何如也！美國人堪罵李（Homer Lea）[1]語我曰：「吾美國一歲殺死者萬數，多於英之滅波（Boer）焉，率死於酒、色、氣者六千，死於劫財者三四千。」吾聞美之富人多為其妻子、親戚謀殺死，蓋利其財也，此則不著於獄者矣。其官吏相鬥於朝市，其警察受賄而暗聽人之賭，其殺人大獄則賄其陪審員而可免死矣，故在英國者，人畏法不敢犯，而居美者橫肆矣。其州各異法，有作奸者逃之他州，則逍遙矣，故一妻而分嫁數夫於各州者所在多有。其電線、鐵路愈捷便，其竊盜、詐謀之事亦益以易遁焉。數月前，吾國人所開干城學校[2]之教習為其累年篤友得金所賣，而捉將官裡矣。其他惡俗，不勝枚舉。蓋以尚富為俗，故恥貧而好利，有可以得金者無不為也。然則所謂富強者則誠富強矣，若所謂道德、教化乎，則吾未之知也。是其所謂文明者人觀其外之物質而文明之耳。若以道德、風俗言之，則忠信已澆，德性已漓，何文明之云？美猶如此，何況歐洲各國日處競爭之中，如沸湯盤馬者乎，抑無待論證也。

---

1 堪罵李，Homea Lea（1762-1912），即孫文學說第八章中提及之咸馬利，美國人，富於想像力而短命之軍事家，一九〇〇年曾助康有為之保皇黨謀起事，後識孫中山，熱心助革命。據羅榮邦（Jung-pang Lo）著K'ang Yu-wei. A Biography and a Symposum（Univ. of Arizona Press, 1967）頁二七二，註三四李在一九〇五年伴有為在美國旅行。

2 保皇會在美國多處設軍校，名干城學校。

故以歐、美人與中國比較，風俗之美惡吾未知其孰優也。推其孰為銜繁簡僻乎，則道德、俗尚之醇美澆漓可推也。如以物質論文明，則誠勝中國矣。若以道德論之，則中國人數千年以來受聖經之訓，承宋學之俗，以仁讓為貴，以孝弟為尚，以忠敬為美，以氣節、名義相砥，而不以奢靡、淫佚、爭競為尚，則謂中國勝於歐、美人可也。即謂俗尚不同，亦只得謂互有短長耳。中國自古禮樂、文章、政治、學術之美過於歐洲古昔，見於《大地萬國比較說》[3]，既無待言矣。今者宮室、器用之樸拙，蓋由峻宇雕牆垂為大戒，機巧奢靡視為淫風，亦由道德之說鞭辟太過致然，非人巧有不如也。齋路士（Ciles）者英國監布列住（Cambridge）大學之漢文總教習也，嘗曰：「華夏人之勤學及多識字過於歐人，其貧苦而好學，不求利達，殆天性也。」

試考道光廿八年以前歐洲各國未定強迫入學之例，華人與歐人孰為多學者乎！以今英國教育之盛，而惡士佛（Oxford）大學之地即有不識字之人。吾用一奧人[4]，其父即不識字者，故數歲無書與其子。英人誇其惡士佛之古已六百年，豈知我國郡、縣立學在宋仁宗皇祐之年！故凡今我各直省、府、縣學宮凡千餘，皆立於宋世。即如蘇州學宮為范文正之宅讓出者，廣東學宮經營於唐世，皆千餘年之古物。彼惡士佛者尚不能為我雲來，而何文明之比

3 《大地萬國比較說》，未見；或即戊戌進呈之《列同比較說》，又稱《百國政教藝俗比較論》，遭毀版。

4 奧國僕人，據羅榮邦一九六三年十二月十二日信，名Rupert。

乎？故合種種而論之，我國人今之敗於歐人者在此一二百年間，而所最大敗，遠不如之者，即在一二百年間新發明之工藝、兵、砲也。

凡歐人於百年來所以橫絕大地者，雖其政律、學論之有助，而實皆藉工藝、兵、砲以致之也。夫工藝、兵、砲者，物質也；即其政律之周備，及科學中之化、光、電、重、天文、地理、算數、動植生物，亦不出於力、數、形、氣之物質。然則吾國人所以遜於歐人者，但在物質而已。物質者至粗之形而下者也。吾國人能講形而上者，而缺於形而下者。然則今而欲救國乎，專從事於物質足矣。於物質之中先從事於其工藝、兵、砲之至粗者，亦可支持焉。若舍工藝、兵、砲，而空談民主、革命、平等、自由，則使舉國人皆盧騷（Rousseau）、福祿特爾（Voltaire）、孟的斯鳩（Montesquieu），而強敵要挾，一語不遂，鐵艦壓境，陸軍並進，挾其一分六百響之砲，何以禦之？

夫砲、艦、農、商之本，皆由工藝之精奇而生。而工藝之精奇，皆由實用科學及專門業學為之。實用科學與專門業學皆非六七年不能成，即捷徑可得，亦須四五載，而學異國之語者尚須數年。故總計工藝、砲、艦之學能成，非十載不可。此十載之中，事變紛紜，國勢更岌，誰歟許我以休暇者。若再鹵莽從事，歧途趨走，或背道而馳，之楚而北行，馬疾而去之愈遠，則所謂舉國四萬萬之盧騷、福祿特爾、孟的斯鳩，或康德（Kant）、斯賓塞（Spencer）、倍根（Francis Bacon）、笛卡兒（Descartes），進而人人為柏拉多（Plato）、亞里士多圖（Aristotle）、耶蘇與佛，無數無量，亦皆供人宰割之具，奴虜之用而已。不觀耶蘇之生於猶太乎，不數十年而猶太為墟，七十萬人移於羅馬，科重稅以築哥林多（Corinth）廟而已！夫耶蘇能為歐人之教主而無救於猶太之滅亡，佛能為東亞之教主而無救於印度之滅亡，則以應用之宜與不宜，當與不當故也。

三、論中國近數十年變法者皆誤行

夫中國土地之大，人民之眾，物產之多，教化、文字、風俗之統一，其欲以強國至易易也，大地未有其比也；苟得各國物質之一二，即足自立，不待其致精而求備也。故為中國謀者，無待高論也，亦不須美備之法也；苟得工藝、砲、艦之一二，可以存矣，可不憂亡矣。今日所急急者救亡耳。既不亡矣，則其後之盛強繁美不待期而自致焉矣。

論一誤於空名之學校

然竊觀數年來舉國之所奔走馳騖者何如哉？以昔者兵船、砲械之未足也，於是進而言學。夫歐人數百年興學之變也，始則為古文學[1]，進而言人道學[2]，近百年來乃講實用學[3]，

1 古文學，指歐洲文藝復興時代古希臘、羅馬學藝之研究。
2 人道學，即人文主義Humanism。
3 實用學，即實用主義，Positivism。

又進而為國民學[4]。而十年來所以摹仿東西學校者何為乎？不過語言、文字之微，堂室、窗戶、檯椅之式，歐、美政俗之粗略，分毫未得其實用，乃先將中國數千年之聖經賢傳、道德名義而棄之。夫既謂舉國皆康德、斯賓塞、倍根、笛卡兒、柏拉多、亞里士多圖之無救於亡，而豈區區誦蟹行拼音之言，講堂室、窗戶之式，略知歐、美之粗者所能濟乎？

論再誤於自由革命之說

既又深原夫政治之本，攻專制為不可，於是發明民權、自由、立憲、共和之說，引法、美以為證，倡徉其詞，煽動全國，於是今之床頭之豎，三尺之童，以為口頭禪焉。夫自由二字生於歐洲封建奴民之制，法國壓抑之餘，施之中國之得自由、平等二千年者已為不切。英博士齋鷗路士曰：「不知中國者以為專制之國，乃入其境，則其民最自由，賣買自由，營業自由，築室自由，婚嫁自由，學業自由，言論自由，信教自由，一切皆官不干涉，無律限禁，絕無壓制之事。」真知言哉！其比之歐人之限禁繁多，過之遠矣。或者不知人己，誤以為歐、美之強，其所服藥必極補益，而妄用之，則無病服藥，必將因藥受毒，而生大病。故

4 國民學，即民族主義，Nationalism。

今日中國自由之教，亦令人發狂妄行，子弟背其父兄，學者犯其師長而已。蓋自由已極，無可再加，若欲加乎，舍此何進？

且英文非里泵Freedom者，僅為釋放之義，尚含有法律之意。若日本所譯為自由二字，則放手放腳，掉臂游行，無拘無管，任情肆意，不怕天不怕地之謂，則人道豈有此義理乎？此等名詞不特意偏而不舉，亦且理窮而難行，而可公然標為名理，從之者舉國若狂，不辨皂白！夫使中國而為野蠻無文學之國則可也，然而中國已為五千年文學之國，而此等無理不通之名詞公然通行，視為聖人之金科玉律焉，豈不大愚哉？或明知其不可，而以其便於任情肆意也；或怵於西歐強盛之由，大哲之說，而不敢難也。《世說新語》曰，愍道人與一道人過江，懼不得食，乃定立義曰「心無二」，以動眾，其說大行。愍道人寄語之曰，「心無二」豈是道，當時為噉飯耳。歐人之言自由者標一義欲立名以動眾，蓋亦「心無二」之類耳。今有愍道人在，則笑之矣。

明季學者好擇二三字以樹義。王陽明稱「致良知」，湛甘泉稱「隨處體認天理」，耿天臺稱「知止」，聶雙山稱「寂然不動」，劉蕺山稱「慎獨」，如此類者不可更僕數。夫道有萬千，裘葛異時，舟車易地，兼備而後可行；有本有末，大小精粗，內外文實，陰陽夾持，乃可遍行。安有偏舉單詞偏語而可行者乎？即為至理亦必偏而多弊，君子慮終計患，不敢妄稱也。況自由之無理者乎？

法國當時衹以民人對君主之壓制言之耳，非就普凡人倫、事理言之也。即孟的斯鳩之言自由，亦曰或言帶刀自由，或言留鬚自由，或言抗暴主之專制、開民權、公議之自由，或言革命之自由，要皆含有法律之意義。夫於自由之上用帶刀、留鬚等字，則有限之自由，而非無限之自由矣。即今各國憲法所號為言論自由、宗教自由、遷徙自由、出版自由者，亦所謂一事之自由，而非普通之自由矣。姑無論其言論、出版之自由尚有法律之限制，文部之檢定，即以美之寬大，其得罪政府而無據者且下獄終身，或至殺，他義類是。夫既有法律，則是桎梏囚人而稍令遊園，或仍有足鐐而僅放手枷，使之飲食。號稱自由，何以異此？然猶著明某事自由以限制之，則自此一事外皆不得自由可見矣。此皆出於歐土封建之世，及天主之教壓制之極，故志士大倡此以紓民。若不著明某事之自由，而僅提倡自由二字為義，則必上無法律，下無阻礙，縱意恣浪，絕無拘檢，而後得完自由之義。然天下有此理乎？其可一刻行乎？

自由之義，孔門已先倡之矣。昔子貢曰：「我不欲人之加之我也，吾亦欲無加之人。」不欲人加，自由也；吾不加人，不侵犯人之自由也：人己之界各完其分，語意周至，然未至大同之世尚未可行，故孔子謂非所及也。夫道非一言可舉也，是故一陰一陽乃謂之道。人之生也，若手足不能舒放，身體不得反側展轉，口鼻不許呼吸啼笑，則孩提已死，不得生矣。然若聽孩提之童自由，任其持刀弄火，則又安得不死，故有聽其自由之時，亦有禮法拘束之時，此乃人道之自然，終身由之，不在辨難，不能去取，不能加減者也，所謂一陰一陽之謂道也。故自其極端言之，雖在重囚亦有能行立之自由；雖在隋煬、武后，縱欲自恣，亦有不能行其志之一時。然則舉天下之人無一不少有自由，亦無一能自由者，特視其分數之多少耳。

若自由二字完全義，則雖萬千年大同世後亦無能致也。必若致之，則惟野禽獸能然。夫野禽獸者無法律之限制，無教義之拘檢，縱情恣欲，浪遊任食，真能得自由之完全義者也。夫禽獸之所以能自由也，以其無群道故也。人道以合群為義，以合群而強。既有群，則有人己之對待。既欲合之，則有許多調睦和就之法，而萬不能行其猖狂浪行肆情縱意之為；苟有此也，則性情乖戾，行事悖謬，所謂「方命圮族」，而必不能合於其群。故自由之與合群，其義至相反。故苟天地祇我一人，無群可合，則不須法律，不須教化，自由之義可立。苟有兩人，即當有法律、教化，自由義即不立。蓋我欲自由，勢必侵犯人之自由；若不侵犯人之自由，則我必不能自由也。故夫自由之完全義，必無可致也。苟云某事之自由，則已在限界之內，而他事不得自由，即不得立自由二字之義。是故吾先聖不立此義也；非不知立之也，以欲立之，而人群所不許有此義也。

若謂歐、美人得自由，則大謬之論也。歐、美人至重法律，詗及纖微，一切皆不得自便，少不中律，罰即及之，其拘困服從過於吾國人百倍，安得謂自由也？歐、美人又至重禮法、名譽，若起居、動作、服食皆無法律，然風俗所行，苟有不協，則非笑嘲訕而輕薄之，生其地者懷之畏之惟謹，安得自由也？至於官吏有官吏之法律、風俗，工商有工商之法律、風俗，皆戢戢惟謹，是故動作有法，行事有度，謂之文明，而豈聞學生以不受師長之學規，污壁毀牆，以為自由也？若以從法律服教化則斥為服從，笑為奴隸，則行遍歐、美，其良民善士無一非從教化服法律之人，無有以逆法律背教化為美者，亦無有以服從為惡者。且人生於群中，自言語、飲食、衣服、動作，何一不服從於前人？雖極自立，然不從此則從彼，究何能免乎？

且服從乃與自立為對義，不與自由為對義也。人生群中，事事須服從，亦事事須自立。不自立，則不能成一器用；不合群，則不能成一群業。此如車之有雙輪，屋之有兩牆，並行互立而相成者也。譬如合群磚以成屋，苟散沙則不能為磚，然磚而不方平如式，圓凸尖腫，則亦必棄去而不能為用也。且觀歐、美人之行事最尚專制，任立一事，皆必推立一長以主之，而下皆服從焉。故歐洲官制有正長而無副官，故其事能行。蓋苟不服從而言自由，則為庖廚者浪遊而不作食，則眾皆飢死。否則必致人人並耕而食，饔　而治，而後可也。如是則通工易事之義遂絕，亦人道可一日而息也。凡百作工者不服從而言自由，皆捨業而嬉，而天下之事皆廢，則大地可一日而榛蕪也。若此則無理之言，豈能樹義？而舉國若狂，幾若以為救國之奇方大藥，亦可怪也，其愚何可及！吾國人在唐世前無裹足之俗，甚怪自宋後何能天下移風，以裹足之苦而人人從之，甚可怪也！今之妄倡自由者而舉國從之，曾何異乎！

推非里泵之義但主開放，蓋由法國風俗壓制既甚，故以開放為上義，譬之久在囹圄者一旦釋枷解鎖，得出獄耳，非謂可以胡行亂走，猖狂妄行，遇庫支錢，逢店飲酒也。夫釋枷解鎖之與猖狂妄行，遇庫支錢，逢店飲酒也，相去不可道里計也。而以釋放誤譯為自由，此日本之誤也。而不知者誤以日譯之誤而再演大之，又加中國已自由而加重其藥矣。宜其見大害，而不見絲毫之益也。故釋放之義，在中國人施之於婦女、奴隸則可也，施之於國民，則吾國二千年來本已大受自由之樂，本無待於釋放也。若以未有選舉權以參政事，則索選舉權可也。夫選舉權之與自由，至相遠也。選舉權乃國政之一事，自由乃人身之無限，豈可混合之以生他病乎？凡立義皆有度量分界，何可於此大義以易世化民者而亂之？夫自立、釋放之義各有度界，尚不能與自由亂，何況選舉權乎？

中國法律太疏，教化太寬，從此採用歐、美，益當加密。今之遊歐、美者當知之，一飲一食，一行一坐，發聲之高下，吐唾之迴避，禮法益當整飭，恐令後人益不能自由耳。若無病加藥，日言自由，則必中風狂走，勢必士背學，吏犯法，工不職，弟逆師，子叛父，盡棄規矩、法度、教化，而舉國大亂，不待大敵之來而不能一朝居也，其可行乎？以此化民，此真如洪水滔天，生大禍以自溺也。吾遊德國，整齊嚴肅之氣象迥與法國殊。嗚呼，此德之所以強也，俾士麥（Bismarck）之遺教遠矣！方今中國之散漫無記，正宜行德國之治，而欲以自由救之，所謂病渴而飲酖也，其不至死不得矣。若夫革命、民主之說，則萬里文明古印度之亡已為吾覆轍也。中國萬不可再蹈印度之轍，吾已別有書矣[5]。故自由、革命、民主、自立之說，皆毒溺中國之藥者也。其萬不可從，不待言也。

5 「別有書矣」，當指光緒二十八年（一九〇二）在上海印行之《南海先生最近政見書》，內含是年有為自印度大吉嶺所發兩件政治書信，一稱〈與同學梁　超等論印度亡國由於各省自立書〉，一稱〈答南北美洲華僑論中國只可行立憲不可行革命書〉。兩信又連載於《新民叢報》第十六號，第二十號（一九〇二年九月十六日、十月十四日），第二十四號（一九〇三年一月十三日）。

四、中國救急之方在興物質

然則今者救國之急藥，亟服之良方，皆不在是；而我國之所以大敗而不能自立者，亦不在是；即中國所以不如人者，亦不在是。然則果何在乎？以吾遍遊歐、美十餘國，深觀細察，校量中、西之得失，以為救國至急之方者，惟在物質一事而已。物質之方體無窮，以吾考之，則吾所取為救國之急藥惟有工藝、汽、電、砲、艦與兵而已，惟有工藝、汽、電、砲、艦與兵而已！

夫為國之道萬緒千條，缺一不可，如人之有體然。百體具備，乃謂之人，苟缺一官，即為廢疾，不得齒於人類。故凡論理而偏舉一事者，皆不全不備之道，學為廢人而已，其於國也亦奚不然？吾一生論理，每發一義必舉其本末、內外、大小、精粗，完滿不漏，而後為之，萬不肯舉一端偏致之論以毒害吾民。但理有先後緩急，而救火追亡更不可雅步嗚琚以從事也，此吾今者救國開方之意耳。

夫今中國之缺處固多矣，而吾暫緩一切，獨汲汲焉特以工藝、汽、電、砲、艦與兵數事至粗者相望何也？誠以百凡要政之缺可以一朝而舉，而工藝、汽、電、砲、艦與兵數者不可曰吾欲為之而即為也。

五、論歐人之強在物質而中國最乏

夫百年來歐人之強力佔據大地者，非其哲學之為之也，又非其民權、自由致之也，以物質之力為之也。汽船創始於嘉慶六年，至道光十一年遂以二艦駛入廣東，而盧敏肅督粵，調水師二萬，帆船三千，不能拒之。嗣是二十年間而開五口，開十一口，入北京矣。美之侵日本浦賀亦然，而安南、緬甸之滅皆以此故。假令今日汽船未出也，則雖以歐、美之文明事而加於今日十倍，亦不能於中國少有所損也。有汽船之後，其壓力之速如此，未有汽船之前，則亙古萬年不相通。即如墨領（Magellan）周地球之後，歐人文明新學亦大進矣，而三百年相通以來無分毫之能侵壓。當彼百年前英既全滅印度矣，其勢亦已橫厲矣，而道光二十年時領事義律（Charles Eliot）尚拜跪於粵督前，戢戢惟謹。及汽船之速率日加，則舉歐西一切精奇之器藝、兵力盡舉而壓入，故致近來之慼慼也。

故魏默深謂「師其長技以制之」。當時固未知歐人之別有文明、道德、法律、政治、文學、哲理之盛，而就中國本有之文明論之，則保國之道，中國所缺乏者，乃最在物質。假令當道、咸之世，乃遲至同治、光緒初時，大獎勵新器藝、新思想，則今日之製作已數十年，以我國力之厚，人民之慧，已可與歐人並驅爭先矣，豈復有來侮者乎？然則魏默深之論至今猶為至論也。曾文正、李文忠、郭筠仙皆頗從默深之說，又皆居要地，惜乎其未能深講而力行之也。自光緒二十年以前中外大臣之奏牘，及一切檔案之在總署者，吾皆遍覽之，皆知講軍、兵、砲、艦而已，惜乎其未及物質之學，一切工藝、化、電、汽機之事也。夫無物質之學及一切工藝、汽機之本，則其軍兵、砲、艦必不能至精，僅藉購於外國，一有兵事，即守中立之局，而無從措手矣。安有立國而若是乎？

其後也，亦知自開船政廠，及津、滬之製造廠矣。而中國之大過於英、德、法之本國以十倍，而區區一二小廠雖有若無。自甲午之前，福建船政廠僅成廿四艘。吾遊津、滬之製造局而問之，津之製造局所造之火藥銅帽子僅足當前敵七日之用，滬之製造局所製之毛瑟槍一日僅成七枝，是一歲僅成二千餘槍也。中國之兵百萬，若有戰事，則後備兵更需無數，而此物皆中立國所禁者，即能竊賣，其事極難，且亦非國體也。若就滬製造局而論之，則須二百年乃給中國兵之所用，乃能一戰。夫至於二百年，則大地將合之時，槍砲將廢之日矣。夫我而不知製槍、砲、船艦以待敵，而欲制梃以撻秦、楚可也。既知敵之長技而欲師以制之矣，則必一切與歐之列強相等而後可。而所辦事如此，則何必歲靡百萬，多此一舉，以授守舊者攻擊之藉口乎？

招商局之開辦已數十年矣，而船主駕駛者至今無一華人。創辦之始，固不解矣，然數十年來猶不能開一航海學以為之乎？日本之開航海學也在甲午之後，不及十年，今已一切自為船主矣，況我之開招商局而已四十年乎！於招商局中開一學，其於中國之大曾不足為微塵，乃並此而不知舉行，而終古舉手待人。當事者之謀，其愚何可及也！且同、光數十年來所開之新器局、所，皆官辦也。夫一切待於官辦，無論財力不足，不能多開也，即使財力能多開，其能有競爭至美之心，以與歐洲列強敵乎？又能有無窮之大廠乎？必不能也。

今數十年來諸使之遊記亦多矣。即如德之克虜伯（Krupp）廠，英之阿姆士莊（Armstrong）廠[1]，及墨邊（Manby）廠[2]，最有大名者，諸使所熟遊頻購者矣，其物遍於吾國之砲臺矣。試問此數廠為官辦乎？為民辦乎？則無一為官廠也。然則諸公何為不獎勵吾民而為之也？將慮民之有槍砲廠而致亂乎，則今歐洲之槍砲廠多矣，何慮焉？且中國固無此民造之廠，而何嘗不亂，何嘗不能購運於外國乎？假令有廠焉，造成一槍砲廠固不易，官可監查其售之數及購買之人，至易易也。商人之畏官以事封之也甚至，以莫大之廠豈敢貪區區之利而致封乎？此可不必過慮也。不獎勵民廠，而欲待官廠之為之，與不為同也。然則數十年之言軍兵、砲械實與未嘗言同也，況於工藝、汽機、化、電一切物質之學乎！此固歐人之長技

[1] 阿姆士莊廠，即阿姆士莊（William George Armstrong, 1810-1900）所創之埃爾斯威克機械廠（Elswick Engineering Works）。

[2] 墨邊廠，即墨邊（Aaron Manby, 1776-1850）所創之豪斯萊鐵工廠（Horseley Ironworks）。

也，然則魏默深「師其長技以制之」之說，實未嘗少行也。

中國向有中、外之界，雖國民之學未開，而愛國之情深，排外之理篤，實不待於教也。以今者國民之說大倡矣，人人之知愛國應更甚矣。而以今日媚外之甚，畏外之甚，實遠不如昔者風氣未開時也。歐人之強也，數百年來，學校之間，說三變矣。自古文學復倡後，始則為人道學，近數十年來則為國民學，終則為物質學。吾國民學之不知，無可言也，然即今人人有國民之資格，又有公議、選舉之民權，此其難至，誠非可以歲日計功也。然使無物質之精新，終不能以立國。夫國民為精神之本，而物質乃形式之末，以常理言之，末固不如本之要也。而以今日中國之所最乏者，則在物質也。無物質之實用，而徒張國民之虛氣，以當大敵，亦猶制梃以撻秦、楚也，必不能也。

蓋精神之本又在人道學之道德、禮義，而不能以國民虛矯之氣當之也。立國之道固多端，譬如築室之需群材也，不可以一物盡之，立說者萬不可以偏舉也。吾尤惡夫發偏至之論者也。國民之說固吾所最鼓舞提倡，鄭而重之，為今日救時之藥也。而以兩者較之，則物質之重要尤急也。以中國之人道學固備矣，且有過於歐人矣。即因昔者一統而誤有天下之故，而少國民之說，然亦自有中外之界，以為愛國之切也，是發之亦已多也。其所絕無而最缺，而不能以立國者，則在物質之一事也。故吾之於物質學，最為深切而諄諄也。

六、論英先倡物質而最強

同在歐人之中，其國之物質最進者，其國亦特出於歐洲群雄中而最強。夫論二三百來德、法之哲理新學何減於英？德人康德之學說既無有出其範圍者，若雅得（Herder）、黑智兒（Hegel）皆為大家。而百年之哲理大家若福祿特爾、孟的斯鳩、盧騷、智德路（Diderot）、勃封（Buffon）、陀林比（d'Alembert），刊特爾舍（Condorcet）等出，以哲學理施之實行，與夫以一切平等、自由之說革除前古之專制及一切舊俗，宜無若法國者。革命之喋血數百萬，前後垂八十年，尊行道理而以為教，乃至欲實行公產之義，宜無若法國者。然勝法而據印度，得亞丁，撫有加拿大，於是收澳洲，以海軍、商業冠大地，而聲威之赫奕，語言、文字之通達，歐洲列強無及之者，即強霸之法亦退縮而遠讓之，則以英國最講物質之學、植產之義故也。

蓋尋新地，創新法，製新器，此物質之大效，而歐人之所以雄跨大地者也。凡主動力之創始者必先收其效，歐人已然矣，而英國者又歐人中物質學之主動力也，故英人又最先收其大效焉。蓋溯其初尋新地者，先有甲頓曲（Captain Cook）與晏遜（Anson）矣；而物質之尤為大效，令天變色，人變用，而地縮形者，莫如汽機，而華忒（Watt）創之，英人以為重生日，誠不謬也。吾過蘇格蘭之哈布顛[1]，見華忒之遺居，觀其立像，尤欽遲之也。若夫阿克來（Ark-wright）之製新器，覔哲活（Wedgwood）之為新陶，格蘭布敦（Crompton）之創新織，馬篤（Murdoch）之創煤汽燈，若斯之類不可悉數。而達爾文為創生物學之祖，更因物質而令道德、人群皆一新焉。更上推歐人之學說，撥千年黑暗而致萬里光明者，則倍根創實驗學派為之先驅，而自洛克（Locke）、霍布士（Hobbes）、彌兒（Mill）[2]以至於斯賓塞，凡英國之學派皆偏重物質，故能致此大效也。

英國以物質最昌明之故，故自雍、乾之間不過為歐洲小國，地不及德、法三分之一，人民不過數百萬，不數十年而地廣數萬里，人民數萬萬，蓋數十倍於德、法焉。倫敦之人口蓋數十倍於昔，為地球都會第一。乃至噫顛堡（Ebinburgh）、拉士貢（Glasgow）、栢明兼（Birming-ham）諸邑，昔者戶口寥寥，今亦人口百萬。蓋其工場、煤氣、電氣、商業、開

1 蘇格蘭之哈布顛，或是汽機發明人瓦特（華忒）祖籍Aberdeen（蘇格蘭東北海濱）譯音，但瓦特曾祖父時該縣毀於戰爭（十七世紀中葉），其地無瓦特家族遺蹟，亦無瓦特像。瓦特之父立業於格林瑙克（Greenock，蘇格蘭西南海港），瓦特即在此出生（一七三六），遺宅後改建為格林瑙克旅店，現以瓦特旅店（James Watt tavern）名世。格林瑙克有瓦特紀念學校（Watt Memorial School），校前有瓦特全身像。有為所記「見華忒遺居，觀其立像」，似應在格林瑙克，尚待考。格林瑙克及英國他處瓦特全身像均為坐像，有為稱「立像」則誤書耳。

2 彌兒，原作彌兒頓，當是Jame Mill（1773-1836）。譯音誤寫。

道、浚河、電線、印刷、裁縫、紡織，一切皆汽機為之致然，則昔自乾隆四五十年間創為之。英以此汽機物質之故，冠歐洲而橫大地，增國百倍，實為地球千萬年來文明勢力增長所未有也，則物質之為之也。

夫以歐人與他洲較，物質之效否既可深明，然歐人同講物質者矣，然講物質之有先有後，有多有寡，而國力之進退遂若此其遠也。夫以德、法學術之精，霸業之強，以緩講物質故，其土地、人民猶遜於英數十倍，若西班牙者更無論矣。然則吾人之所鑒觀以為法戒者，固有在矣。

七、論今日強國在軍兵砲械基本則在物質

夫方今競爭之世何世哉？吾敢謂為軍、兵、砲、艦、工、商之世也。此數者皆不外物質而已。故軍、兵、砲、艦者，以之強國，在物質；工、商者，以之足民，亦在物質。今我中國而欲立國於競爭之世，強兵足民皆當並起，而不能少缺也。而強敵之壓迫日甚，則欲自保護其國民，亦有不能如其願者，安得待我從容富國足民而後禦侮乎？波蘭之見逼於俄，安南之見迫於法，埃及之見壓於英、法，此其至易見者矣。若夫朝鮮尤為近者，忽而閔妃被殺於日使，忽而國王見遷於俄館，而宰相閔泳翊、魚允中等死焉。近者高國民氣非不昌也，以採木一案拒日，即撤通使而裁兵，同於亡國矣。近者迫壓我國之事，若膠州、旅順、廣州灣之割，及各處鐵路、礦山、航路、商業之取，教案之索賠，已不可言矣。蓋自同、光已來，史不絕書，至今則勢將岌岌，苟不從事於軍、兵，則無復自立之地。英征非之帥顛當（Dundonald）[1]

1 顛當，第十二世顛當伯（Earl of Dundonald, 1852-1935），一八八九－一九〇〇年南非戰爭中名將，一九〇二－一九〇四年在加拿大主持策劃改組民防軍。

入我灣高華（Van couver）憲政會[2]而語曰：「方今世界只有軍兵，勿信其他所謂文明也。」

故俾士麥以鐵血為義。蓋爭亂世立國之需兵也，猶冬寒雨雪，人之需衣也。無衣無褐則無以卒歲，而將凍死。故夫能自立而自保者，兵也。號稱為文明，使人敬之重之者，兵也。掠其地，虜其民，係縲之，劫奪之，奴隸之，而使其人稽首厥角，稱功頌德者兵也。今日本勝俄，則歐人大敬之。兵乎，兵乎，人身之衣也，營壘之壁也，文明之標幟也，土地、文明之運取器也。立國而無兵，是自棄其國也。此至淺之義無人不知，亦數十年來諸能臣之所同知，蓋自曾文正、李文忠、沈文肅、丁雨生諸公所日倡導者也。然卒兵不少治，戰則必辱敗，至於寒冬無衣，栗栗疲縮，此諸公之不能無罪，而物質之無其本故也。

今將欲治兵乎，如何乃謂之有兵？夫兵猶衣也。人之製衣，必集成其衣料足以周身者，度其暖力足以禦寒者，而後裁之縫之乃服之。假令衣料不足以周身，或有胸而無背，或有上體而無下體，或有一衣而無重裘，則風雪仍感中於肌膚，卒亦凍死而已。今數十年諸公之議兵也，或有陸軍而無海軍。即陸軍乎，甲省有而乙省無，丙省洋操而丁省土操，或有戰卒而無後備兵，急則募市人為之。聽直省之自為募練，而兵部無全權以操縱指揮之，是無縫人也。洋操土操雜，是綿絮與禾桿雜用也。有陸無海，是有上體無下體也。甲省有而乙省無，

2 保皇會在光緒三十一年（一九〇六）改稱帝國憲政會。

是有胸無背也。不量今各國之兵勢如何，而思有以抵之，是不審寒度、風雪之高下大小也。以若所為，不籌全局，亂舞傞傞，欲製一衣以禦寒猶未可也。乃以數十年百國交通之久，壓迫之甚，而所以對待之如此，其愚謬真不可解也。

夫歐人他學說、他政法之不知固無責於彼矣。豈兵者自保之道，至淺之說，而亦不知耶？自同治以來終日言之，頻歲言之，詔令不止千百，奏議何啻萬億，靡餉何止數十萬萬，而以全國才智之所經營，國命寄托之大事，乃等於兒童弄沙作飯，剪綵為戲，乞丐百結，露肘見脊，何其怪異之甚！至於創辦海軍是何等事，而太后於光緒十三年以海軍三千萬之款為興築頤和園之用，海軍衙門置在頤和園中，凡園中若禁止折花、污地、竊物等事尚貼海軍王、大臣之姓名告示，王、大臣則醇親王、慶親王、李鴻章、定安、曾紀澤也。當萬國競爭，強鄰壓迫至急之世，以國事、軍事遊戲至此，此則自古無道之君所未聞也，雖周幽烽火尚未至是。演斯絕怪之妙劇，欲不亡得乎？

若謂不能大練精兵，以為無經費乎，則甲午祝壽儲二萬萬兩。假令以此費早為練海、陸大軍，豈有敗辱乎？至乙未敗後，詔裁海軍，日本人大驚而訕笑之，豈知其為停頤和園工程，乃出於善政乎！中國軍政、國政之不可測識如此，遊戲奇怪如彼，此固無可議者也。孟子所謂「安其危而利其災，樂其所以亡之者」，復何論焉！今又經庚子之禍，夜雨淋鈴，君臣同走，艱苦更備嘗矣。近歲尤議治兵岌岌矣。若袁世凱、張之洞等亦各能治一勁旅矣。各省有治者，有不治者，情形不一，款式不一，章程不一。若夫槍砲之精足與否，海軍之復修與否，則皆不顧也。吾見其鶉衣百結，露肘穿脅，兒童剪綵為劇，猶如故也。寒風亦既凜烈矣，冰雪亦曾切膚矣，凍死之不憂，而尚兒戲之無已！以四萬萬人之國而顛狂遊戲若此，欲不亡得乎？

今將欲製一衣，築一室，亦必備足儲材而後可，若孟浪小試，終與無衣無室同科，況於兵之大事乎！苟不能禦侮，則靡費無量，亦與未嘗有兵同耳。度數十年執事者亦非不欲備兵也，殆以經費無從籌故也。夫謂經費之難籌誠是也，然何以祝壽則有二萬萬兩乎？賠日本敗款則有二萬萬三千萬兩款乎？賠八國敗款則有十萬萬兩之款乎？合此十五萬萬之款以治海軍，更及農、工、商學，則中國於地球莫強焉，其拓地闢土不知幾許矣。不此之預計大局，恐後不止割地賠款也。夫款之必當籌而不能不出一也。一則以強而可取諸人，一則以敗而頻輸於人，其得失之相遠若是，未審執政者何取焉？夫至省一衣之費以中寒獲病，展轉醫藥，其費過於一衣千百倍，乃至為省一衣之費，而鬻田廬且病死焉，其愚而失算亦何可言也！

八、論今治海軍當急而海軍終賴於物質

今將欲統籌兵備，則海、陸軍固乃國所公有而不可少缺矣。若以經費不足而有先後緩急之圖，則何先焉？應之曰：如築屋然，堂室固要，而門庭亦不可無者也。以昔者美、德之故事言之，美則先有陸軍以自守足矣，德先有陸軍以敵近鄰可矣。若今中國之勢，惟防俄、日乃急於陸兵。英之於西藏尚遠；法之於安南非大敵也。方今新世以海為萬國交通之大道。故言乎陸則有俄、日、英、法之界，言乎海則凡有海艦者即皆為界焉。故昔者敵之擾我海疆也，一艦縱橫於海上，朝閩暮廣，今日入長江，而明日犯天津，則我七省設防矣。馬江之役，法未嘗擾粵，而粵之防禦費千餘萬兩。豈知法之取安南也，用兵三年，福利（Ferry）請款於其議院，第一次五百萬佛郎，第二次一千萬佛郎，第三次三千萬佛郎，第四次四千萬佛郎，當時銀價不賤，一兩可值五六佛郎，則盡法人滅安南之兵費不過吾粵一省防禦之費，而南、北洋尚無預焉。德之取膠州也，海軍猶未大成也，然以二船來，而百里之膠州得矣，山東之鐵路、礦務取矣。假令吾陸軍雖有百萬精練之卒，將奈之何？彼以艦擾我沿海，聲東擊西，多方以誤我，屢擾以疲我，則我數年之兵費，疲敝耗竭，雖或不敗，而斷無勝彼之理。然以百萬之防兵以禦數艦，工商不行，士民惶恐，其為敗也，蓋已甚矣！苟有海軍乎，則如法、德之來，已先截之亞丁、錫蘭、檳郎嶼之海峽矣。彼勞師而襲遠，豈能多來，又從何飛渡乎？而我當國者絕無遠謀，不知竭力以營海軍，甚且取以為頤和園之佚遊，亦無議矣！

夫德國之強，而前數年海軍未備，猶為人侮。若馬尼拉（Manila）之變亂[1]，德人為所蹂躪，而不能救；尼加拉（Nicaragua）及古德瑪（Guatemala）之自立[2]，而不能彈壓；黑都共和國（Haiti）之亂，德之臣民被捕[3]，終日望救，而無一艦之至。故於西一八九七年，德主威廉二世（William II）詔議院曰：「德國之兵艦不能保護在外之臣民，且曾費巨資，而不能與一等海軍相敵，則向之巡艦皆同廢物。故知維持國力，不得不多備兵艦，以防他國之輕侮與歐洲之戰事也。且平時於遠洋諸國亦宜增駐兵艦，以保護臣民。」於是國民皆贊成之。其海軍統計表且稱大營海軍，於人口移住外國，及海上商務、航海、造船、漁業、殖民，皆因有海軍而獲大益焉。於是決費四萬萬一千萬馬克以製大艦十七，鐵衛艦八，大巡艦十九，小巡艦二十六，水雷及砲艦若干。當八九月時俄以誤擊英船幾開釁，吾時在倫敦[4]，

1 一八九八年美國佔菲律賓，第二年有菲人反抗，馬尼拉被攻擊。

2 尼加拉，即尼加拉瓜（Nicaragua）一八九二年有變亂，外僑受損，後惟英國獲賠償。古德瑪當是危地瑪拉（Guatemala），亂事待考。

3 黑都，即海地（Haiti），一八九七年有德僑羅特（Lüders）遭拘禁，一八九九年獲賠償。

4 有為於光緒三十年八月二十日（即一九〇四年九月二十九日）由歐陸到英國至九月初六日（即公曆十一月三

諸大臣約見，而皆以事俄未暇，舉國譁然備戰。吾問英人，謂英海軍制勝於俄何所慮，英人謂俄聯法不足畏，獨慮德助之耳，德人海軍近者新強也云云。即此一端，德兵艦之聲威已見，他日之掠取土地，更屬無限。德人嘗誦富蘭德令士（Deuscher Flottenverein）[5]之說曰：「海者地球之大路，萬國運動之大野也，發其實力在此，廣其願望在此，一國權民之提籃，天下財政之乳母也。不知此義，是忘天與之權。故國民無船舶猶鳥之無翼，魚之無鰭，獸之無爪牙，兵之無軍械也，豈止不能成大業哉，惟安待以望為奴而已！」其言可謂警切矣。

吾國濱於太平洋而無海軍，何異萬寶儲藏，海盜環集，而孤島無舟，坐待賊至耶？且吾國民遍於大地，凡七八百萬，與英旗隨日月相出入，其為財富不可究詰，以無保護故，聽人之驅逐侮辱踐踏，而財源與生計皆屈。假有兵艦保護，則旅民之增多生計，商業之發達，日月滋長，不可算數。吾聞昔者海軍艦之至星加坡也，艦隊有登岸者，英巡捕以事阻之，隊勇毆巡捕，英吏不敢問焉。以英之強，猶遜順若此，海軍之威棱甚矣。然而數十年來不知極力營此，當列強交迫而抱萬里之珍藏，絕不設備，狡焉思啟，何國蔑有？唾手可得，何事不為乎？

日）離英赴美洲。故云「八九月時」在倫敦。遊程據前引羅榮邦書。

5 Deuscher Flottenverein（German Navy League），德國海軍同志會；富蘭德令士當是Flottenverein譯音，稍有誤。

且大地萬國何國為強？何國為大？則莫如英矣。英者地兼五洲，雄視四海，問其強之所由，則海軍之故。故英之海軍常冠大地。故其海軍冠於大地者，其土地、人民亦冠於大地也。且大地萬國何國以數十年之間增國有百倍者乎？莫如葡萄牙、西班牙、荷蘭及英矣。是四國者皆起於蕞爾，而葡、荷猶小，僅能當中國一府之地，以先從事於海故，故驟致膨脹。西班牙嘗以此覇歐洲焉，至今南美廣土無垠猶其遺民也，文字、語言、風俗皆西班牙也。今西班牙之祖國雖弱，而百年之後，南美必有莫大之國出焉，則西班牙之孫枝所發也。是故有海力者可謂為雖弱猶強，雖死猶生也。

夫英、荷諸國於歐洲陸軍無名也，其於歐洲大陸不能增分寸之土也。假令英僅治陸軍，窮極其量不過為拿破侖而止，安所得今日之廣土眾民乎？僅治陸軍者開闢皆有止，遇於強隣而不得進焉。治海軍者，則大地廣漠惟其所取。故英人之俗，以波濤為國；以波濤為國者，猶以周行地球立國也，宜其旗之遍日月出入哉！種瓜得瓜，種豆得豆，所求如此，故以三島之小而遍地球。我國之義僅在保守門戶，而強隣已破門而入，據室而處，欲保無從矣。故其在今日競爭之世，真欲保守必先擴張，蓋惟擴張乃能保守也。不然諸葛之治蜀也，用兵不戢，屢耀其武，豈不擾民而好殺哉？誠以不張皇六師，則人亦將侵我，至此而禦之，則兵不習戰而無可恃，國小有警則全國震動，勢將不國矣；故終身以進取為退保，以擴張為防禦，令敵人疲於防守，而我內國得以從容從事於農工，此諸葛不得已之至謀也。今雖少異於三國，我國至大，苟能內治，亦可以止外侮矣。然大地新地未闢者尚無垠也，以吾國生齒之繁甲於大地，則移民生殖實不得已。若南美之廣土，實吾之殖民地也。吾國久能自治，與強隣永保和平，而保護殖民，以廣生計，實有國者之天職，不可以已也。故有陸軍者僅以防俄、日而已，尚不足以防他國。若有海軍，則不止防內，且可以拓外焉；進之有強英之威稜，弱之亦有西班牙之裔胄。故強陸軍者僅可望一身之不死，而強海軍者且可得子孫之長生。孰得孰失，不待智者而決之也。

且我陸軍雖云未備，而未嘗無一二焉。若海軍則自日本戰敗後，艦隊士伍掃地而盡矣。數年來雖有萌芽，其足當漫野牛羊之踐踏哉？夫以德國之強勢而憂患猶如此，何況我乎？我而不能內治，固無可為言，即內治已備，而無海軍，猶有心有目而無手無足，是亦供人執縛屠割之資而已。且陸軍可以內練，其事迅速無求於人。若海軍乎，則一巨艦之製最速亦須三年，而海軍之將弁須學三年，士卒又須練之數年，而後可用焉。且製艦亦須次第乃能增加，海軍將士亦必在艦練習乃能增長。此非可如他事焉，謂我欲發憤即能發憤者也。我及今為之，非五六年後不能致用也。然且偏軍寡艦，苟不能與第一等海軍國比者，亦不能從事焉，猶之廢物也。艦隊既非可立成，大軍更不能速致，則從萌芽而至合抱，非十年不能為功。然且若列強見忌，或聯合遏阻，若庚子之約，不賣軍械，然則吾本無鐵甲艦廠也，是則欲營一艘而無從也。

然則及今不早經營海軍乎，經營海軍而不自營鐵甲艦廠乎，及於被縛到宰之時猶牛羊也。牛羊者食草於大陸，自以為肥腯至樂，與世無關也；不知夫屠人者一旦贄之屠之，剖分其手足身首，寸剪而尺臠之也。朝遊原野，夕甘鼎俎，嗟乎，吾悲夫吾國之不預營海軍，將剖分而登他人之鼎俎也！日本之於俄艦既殲之，則束俄軍於一陸而縛之矣。與我對憑太平洋之強美乎，則已破孟祿（Monroe）宗旨而東來取呂宋矣。今年總統羅士佛（Roosevelt）大治海軍，將欲與英比矣。捷足而逐鹿者日多，伸牙鋸爪者日甚，奈之何尚有龐然大物奄然高臥，喘息於龍虎獅鷲決鬥之下者乎！夫以有海軍之利如彼，無海軍之害如此，然則海軍不可不急營，有若救火拯溺，不待言矣。然欲營海軍而已無艦廠，仰生命於他人，卒與無海軍同科，而國命終無可托。則艦廠之急如救火拯溺，不待言矣。

我有閩廠二十餘年矣，而無少長進，迄今猶是老舊之小廠也。意者官辦之過耶？我遊於英之拉士貢及麥邊、阿姆士莊之船廠，作工皆二三萬人，船渠若大河，其閎大之氣象固非他國所能比。即荷蘭、丹墨（Denmark）、瑞典之船廠我皆遊之，已甚偉大，然此區區當吾一府之國，即吾國有若此之船廠，固未足恃也。吾嘗遊德之漢堡馬德者（markt）[6]，船艦新造之時耳。六七年前，德欲造大船必資於英，今其支蒲羅船場（Blohm & Voss）[7]

6 馬德，Markt，德語市場。漢堡市內若干中心區各稱某某馬德。

7 支蒲羅船廠，當是Blohm & Voss廠，一八七七年創立。

以巨資築成船渠，尤極宏巨，軍艦大船皆可泊焉。其諸市船場凡十二，工匠迅速，船艦精巧，價值又廉，故各國多與購艦，商業甚盛，日本曾與購十餘艦，我國亦與購七艘。司德定（Stettin）市場亦盛，日本曾與購萬噸之大艦。而以漢堡為最矣，漢堡之船場又以美利加公司（Hamburg-Amerika linie）為大，開創僅五十年，造船八十餘艘，近五十萬噸，冠於大地焉。歐、美一歲往來船客約三十萬，而德居六萬，法僅二萬，德月行四次船廿五艘，法月行一次船四艘。漢堡入口船數一萬二千，噸數六百五十萬，較三十年前多五倍；全國各市港增二三倍。蓋能獎勵商業者，其速效如此。我閩之船政廠，滬之招商局，亦將四十年矣。是時日本維新方始，未有多汽船如我焉，而德、日今如此矣！

夫造船非極難之業也，不過鐵板、鐵釘為多耳，然製式之精則鑒觀今古，日異月新，務求巧速矣。我遊荷蘭、英、德、法之博物院，自大地內之軍艦、商船古今之蠻式，進化之層累，皆有縮型，莫不備具，凡千數百，彌十數棟。蘇格蘭與荷蘭為造船之祖，其博物院之船式、機械尤為專備，而所遊各船廠亦皆集各國之軍艦、商船之縮型，以備畫則者之觀摩。蓋當競爭之世，不盡備內外各國古今之船式，則所經營製造者盡歸於無用。且今一艦之費多至千餘萬金，若艦成而不如人，則虛縻巨帑，如投海中矣。故尤不得不合大地各國至新之式而比較之，又必盡具其舊式，乃知進化之所由，而不得已改良之故亦可一覽而明焉。然我國之大，乃無此博物院，何況於古今萬國之船式乎！夫以國力猶無博物院以備之，而區區船廠計本求利，何能浪費而得之？至鐵板、鐵釘雖至淺之事，及其他轉砲之機軸亦至易明，然用鋼之生熟厚薄如何，製機之滑敏堅久如何，是皆操之甚熟，有程度焉。以我國之大，而無大製鐵廠。若大冶亦製之矣，其能比荷、丹等小國者乎？我國地方幾里，人民幾何，應需軍艦、商船幾何？而言變法者數十年，乃區區之萬國船式、製鐵大廠未有焉，將何以競爭乎？

且軍艦又不可徒恃人者也。三十年前既知購鐵艦矣，如以鐵艦為不可有，則勿購，既知購之，則知其要用矣，而不求自製，其愚又何可及也！夫海軍之鐵艦者，今日保己國與掠人國者之手足、羽翼也。知手足、羽翼之有用，而不求自有之，可乎？假雕木為手足，張布為羽翼，其能行持飛游者幾希！然欲為之而不可得也，以無其船式，製鐵、機軸之材料、工匠也。苟已有船式，製鐵、機軸諸材料、工匠，則今日不製乎，無大害也，如美國是也；一旦欲為之則為之，若今年羅士佛之定議經營第一等海軍是也。夫所謂萬國之船式縮型，製鐵、造機之工匠、材料者物質也，非空言也。空言可以期月而學之，此物質者不預蓄數年前，而欲得之於我欲為之時，不可得也。

若夫砲者尤海、陸軍所共托命，而槍者陸軍之步兵、馬兵之所托命者也。德國者大地新強之國也，以得賫賜（Dreyse）之後膛鎗而割奧，以克虜伯砲而勝法，人所共知也。議海、陸軍以自強既數十年矣，而於槍砲乃不知自求精製，而待購之於他國，有如庚子之約禁售於我，則何如？不將束手待斃乎？且即聽我之購之，而槍砲之式日新月異，我竭國力以購之，則人已視為舊式而棄之矣。吾遊克虜伯砲廠時，廠主指各新式砲示我曰，「此皆中國所未有也」；「袁世凱、岑春煊昔曾來購，皆舊式者耳」，又指以示我。然則我今購其新者，不期年又視為舊而棄之，是糜餉無數也。若不棄乎，則人遠我近，人速我遲，勢必求敗而已。如甲午日本之役，我槍亂發，不及日軍，而日軍槍發，我之前鋒立盡焉。普後膛槍之勝奧，開戰七日而大敗深入之，即賠款割地焉。故今者之戰，苟械有不敵，勝負立決，無可為言。當此之時，雖數十萬士卒皆盧騷、福祿特爾、孟的斯鳩，及一切全歐哲學之士，曾何足以救敗？

故槍砲一事斷無倚藉他國之理，只可採用之。故今各國新出一軍械式，必禁他國之購之。吾遊英阿姆士莊廠，睹三寸徑轉機之過山砲，英之新出以破波國（Boer）者也，即禁他國購之。由此而推，欲購槍砲而倚於他國，徒得其舊式而已。我國人於此學太淺，但見舊式，已大驚奇。夫以其棄餘之舊式而與其新用新式鬥，不待問而知其勝負矣。夫使今為一統之時，銷兵器以為金人，鑄劍戟以為農器，猶之可也。然既不得，而已變為大列國之勢，霸義大出，競爭最烈之時，而此托命之物乃不知自為之，而倚命於外國，其愚又何可及也！夫一切他學，政治、法律、理財諸術，諸公不知可也，至於槍砲之最淺，而數十年來諸公又日言軍兵、砲械矣，乃今我叩其兩端，空空如也。此尚不舉，他更何言？真不知數十年來諸公所終日經營者何事也！

雖然，諸公非不購械也，惜不知為求精也；不自求製槍砲諸式，製鐵機諸匠，則無致精之日也。吾遊於伯林武庫中，及巴黎博物院，與拿破侖墓旁之武庫，其兵械既無不備，凡槍砲、彈藥之式，劍戟、甲冑之具，帳篷、運車之形，橋樑、陣壘之狀，萬國古今進化之序，程度可明。各國亦類是，而德之武庫尤備。是皆從實形測考之，非可空言致也。其妙法在新機，其精堅在製鐵。吾所遊歐洲製鐵廠尤夥矣，自比利時、瑞典、英、德皆見之；英若拉士貢廠數家及阿姆士莊、麥邊數廠，而以德之克虜伯尤宏大。處處皆有黃人作工，問之則皆日本人，無一中國人也。其在阿姆士莊日本十人，亦為軍官焉。製鐵且未有學者，則我之艦、砲何從誕生？然則數十年呼號而曰吾欲自強，吾欲不為人所凌弱侵分，是猶居朔雪玄冰之地，終歲不豫製衣裘，至朔風凜冽，大雪漫天，乃赤體而號寒也，惟待凍死而已。

夫一物之能成，備萬物而為之用，苟有一缺乏，卒不能成。艦、砲乃歐人萬有物質中之一事，然其製作精新，備極繁賾，非今所能詳舉也。此非大派學生，多聘名匠，亟亟學之，學成而又必有實在演試之，如是數年，然後真能傳其法。又必待有明敏靈巧之才，不泥其跡，而更新其法，其新製者又能與萬國競，又能統計全國，器數皆備，習練皆熟，而運輸靈通，財用豐足，然後可以一戰。苟少有一失，終歸於敗，則亦與未嘗治兵艦、槍砲同耳。故欲自強，不受人凌弱侵分者，又當合治物質種種之科學，偏收其用，而後兵艦、槍砲乃可致精。此欲治兵艦、槍砲者，又僅治兵艦、槍砲所不能者矣。

九、治軍在理財理財在富民而百事皆本於物質學

夫海軍一大艦動逾千萬，巨砲一尊費數十萬，尋常陸軍過山小砲亦須萬數千圓乃得一口，以中國今日之負債纍纍，加稅重重，何從治此？然則欲治海、陸之軍，其根本又不在兵政而在財政矣。夫籌餉之巨如此，竭一國之所入不足抵國債三分之一，此非撙節搜括之所能為也。蓋其本又在富民，民不足國孰與足？富民之本，在精治農、工、商、礦、轉運之業而更新之。然是五業者之競爭，非精於物質之學則無從措手也。故今日者無論為強兵，為富國，無在不藉物質之學；不以舉國之力，全國之才，亟從事於物質之學，是自惡其國之壽，而先自絕之也。奈之何吾國數十年來能臣才士之所經營倡導，而不知學此，以自絕其國命也！

故以其通貫言之，則數學及博物學也；以其實物言之，則機器工程學及土木工學也；以其求精新者言之，則電、化學也；以其運輸言之，則鐵道、郵政、電信學也；以求文美言之，則畫學、著色學、樂學也。夫是數學者所謂物質學也。凡新世界國家、人身萬事之用得以日出精新者，悉賴數者組織而成，如五味、五色、五聲之不可須臾離也。新世界之所以新

者緣此也。有此者為新世界，則日升強；無此者為舊世界，則日澌滅。故夫戰事之有速發槍砲也，鋼製大砲也，炸藥也，汽船也，汽球也，兵艦也，砲臺也，新世界之新兵器也，非舊世界之兵器所禦也，非兼通物質學者不能製之。開礦、鑿路、運河、隧道之機，今新世界以之縮地交通取寶之至術也，此非舊世界所能辦，非新學、物質學不能從事也。

水壓力、天然煤氣、電線、海底電線、電話、留聲、顯微鏡、千里鏡、光線、電氣燈，及電力運傳機器、蒸汽槌、蒸汽唧筒，今新世界尤要之物質學，凡軍國民之大用，乃至物體、知識、道德、風俗、國政，悉因以剖晰變動，則以至粗易其至精者矣；以舊世界之物當之，何異大風之震落葉，怒潮之捲昆蟲，莫不摧破毀滅矣。如夫芟草、刈稻、播種、起土、耕耘各機，紡織、裁縫、製膠、造玻璃，陶磁諸新機，皆農工之新法，新世界富民之所賴，其與舊世界農土之術相去百千倍，富亦百千倍；富既百千倍，則可盡吸奪舊國之生計，而奴隸其人民矣。夫開通一河亦小事耳，而蘇彝士河一開通後，歐航之東來者省三萬里之程，一月之計，歐貨日賤，而艦隊亦易東，所關豈不大哉！

夫電線能通語意於萬里，鐵路能縮大地於咫尺，舊國經年而不能通一信，舟車數日而不能至者，今則皆以頃刻成之。減費增壽，大變之力，未有過此。而汽船一出，滄海無垠，遂使大地交通，亞、歐鄰比。凡此至粗至淺之物，而全球之地理、人類實賴此而發明變化。其古今搖動變遷之大，無如三者之力。當汽船初出世之頃，帆船廢者值二百萬噸。昔以牛馬運者費二百元，鐵路既出，運價十元足以當之。汽機之力今各國值二萬萬匹馬力，可代十萬萬人之勞作。以全球人計之，勞作人僅三萬萬作力；三倍於全球之人，則富力亦三倍遞加，故新世界之生計亦三倍於舊世界之人。其生人樂利如此，又不止通運靈速，文明開進已也。物質之益固多，而是三者實開通新地球之怪物，使新世界突現於人間，則非他學之功，而物質之功也。

蓋物質之學以日積而日進，日集其大成，而因以日增其速率者也。其始以指南針、船艦蒐討之於全球之中，漸乃以蒸汽、煤汽、電力、千里鏡、顯微鏡窮測之於精微之物。於是新器與新理互出，新地與新法交明，繼長增高，互相助長。材料、器物之增長既甚，故物質科學之發明日多。於是以小為大，縮遠作近，照暗為明，省日增壽，速行開智，倍植人口，開闢地利，增產滋富，移風易化，治國強兵，蓋無不由物質而來，而於他學無預也。

十、各國強弱視物質之盛衰為比例

方今新世軍國民百業之待用，無一不資於物質之學。自農業之百穀、菓木，畜牧、漁魚，皆賴電、化學、物理學、機器而後致精；採礦、製鹽、造紙、製革、探石及織工、陶工、土工、金工、木工，皆賴機器、化學而後千萬倍其用；乃至圖畫、音樂、裝修、運轉，亦皆賴機器、化學而精美特出。故物質學尤精，機器改良尤妙者，其國之強，民之富，士之智，亦因以進，軍國之力與物質之學相比較為升降之率焉，萬國皆然。若新造之美國者，未嘗有一哲學者出，而物質甚精，故其國力尤宏大。若意大利、西班牙崇奉天主教，其神學、哲學雖深，而物質不精，國力亦微。法國亦有然。比利時以蕞爾小國精機器、製鐵之業，遂以立國。荷蘭首創海船業，俄大彼得親往學之，則遂先霸南洋。此皆物質之功之成效大驗，不止英先創物質學而先霸大地也。德國之昔者哲學尤眾矣，而久弱於法，自勝法後專講物質、工藝、機器、電、化之學，事事業業皆有專學，講求不過二十年，今遂勝於強英。德國工商之業今已橫絕歐、亞、美、非之間，英人處處退縮，不獨法國已也。故德、美兩國將來雄飛大地，為英代霸，可決決也；所以能代霸者，在精物質、工商之業，以治軍國民之用也。夫以德國之小國寡民，大治物質學二十年而霸，英即讓之；況於十倍德國之中國，以全國二十年之力講求之，其何有比焉！

十一、二十年來德國物質盛故最強

考德國所以致富強者在致精工學，專意工學校之教：一曰高等手工學，二曰工學，三曰專門工業學。凡各大都邑各皆築專門學校，不惜重費聘名匠師，備一切之機器教具，無少缺乏。初入學者才志未發，先養成其專門之業，其後遣往英國或精工之國，設法建築工場，俾監其工焉。一德人常相語曰，德國昔者不知培養工學，人為手工，知自練其技藝而已。今則無論何業皆有專門學，如煤業地有煤學，織地有織學，銅、鐵礦地有銅學、鐵學，以及壘絲學，玩具學，莫不因其地設之。人多則增設數所，或十數所。故各郡、縣無不有官立專門工學者矣。善哉，導民之法也！其手工學為預備科者分三部，二年為期，十五歲可入學；一機器工學，將為冶工者入鑄型、製造、設機等場業；二化學，將習化學者入染料、陶器、玻璃、染物、皮革等場；三土木學，授以工場、橋樑、宮室製造法。若漢堡高等工學則有五科，增數學及物理學、電學，與分為建築學也。亦有設圖畫、音樂、鐵道、郵政、電信學者。總之科學與工業日見增長，以其有商、工之新學，能備精巧之機器。故德力之所以驟漲者，由其物質學理、方法多也。如知造船與製鐵有相關，則二業之長不惜糜巨金，增益工匠之智慧，興工人之教育。應因之法既精且多，則鐵路亦有妙捷之法，而關稅及運送亦日改良法，於是河、海運路亦因而敏速，而國內外之市場亦因之增長矣。

十年前德人高等工學僅二千餘人，今將二萬人。法人自謂曰：「吾法人學律注重於法學、醫學而輕視工學，工人無學問，安能與德人競爭耶？我法以高等學校著稱於世，此僅教上流人耳。今為商工業之世界，若以舊時學術沿襲不改，以虛名心自驕，則於實用必大敗，何能立於新世競爭之時乎？」此說若為吾國針砭也。今吾舉國新立學亦所謂教上流人也，與昔何異乎？法人猶如此，何況吾國純無物質學者乎？聞法人開一工學、工廠，聘一名匠、皆計較費用，久而不成。德人於聘各國名匠也，不惜重金，不待多謀，故其進率之速如此。德國以貧困著，雖破法後，各種汽機未興，製造不振，物價騰踊，用品缺乏，生產甚微，豈知一興物質、工學後，二十年間遂軼強英而冠萬國乎？吾國人亦可興矣，亦可擇所從事矣！

今舉國皆言變法，皆言興學，而學校之所習，兼習英文，稍增大地之學，其為無用亦何以異於八股者乎？昔講八股雖不切於時用，尚誦聖經賢傳，得以修身寡過，其於風俗尚為有益。今乃掃棄中國之大教，經傳之格言，而後生新學稍拾一二自由、立憲之名，權利、競爭之說，與及日本重複粗惡名詞，若世紀、手段、崇拜、目的等字，輕絕道德而日尚狂囂，叩以軍國民實用之學，則無有。欲以禦強敵乎，則空疏無用如舊，而風俗先大壞矣。然則舉國志士奔走呼號所以改書院為學校，日謀所以籌經費延教師者何為焉？夫道德、哲學空論之說中國固至美矣，不待求之外矣，求之外則益敗壞之耳。數千年之歷史、風俗、教化皆不同，而自有純粹卓立之處，亂之益害。若以立國禦敵乎？強軍富民乎？則一切空論之學皆無用，而惟物質之為功。然則今日救國之術，恰有急急專從事於物質、工學之事斯已耳。

蓋議院雖要，而可一朝而大開；官制雖紊，而可數月而改定；外交、民法、海港之法律雖未備，而亦可期年而粗舉；譯書雖重，而可一二年而佳書略具；理財雖難，而理之得法，亦可一二年而國用粗支。惟工藝、汽、電、砲、艦及兵諸事非有六七年不能成，最速者亦非三四年不能舉一業而推行之。以我觀於英、德諸艦廠，萬噸巨艦至速之工率三年而後成；四千噸以上者至速亦要十八月乃成；一廠數年僅作數艦。砲之大者長數丈，十月乃成。學為艦者須中學以上之資，四年在廠，三年在艦，七年乃成；至速亦須廠船各二年，亦須四年乃能卒業。學製砲者學練鋼須二年，製砲須二年，亦四年乃成。蓋凡百政制皆可吾欲之則為之，惟物質之工業則非欲之而即得，旋至而立效者也。

由斯而談，然則假令政府立行發憤，舉國維新，議院立憲，即成民權、公議，而此六七年之中外釁迭生，強鄰交迫，將何以禦之？即如遼東、西藏之失，舉國咸責詈政府之無用，引為大恥。夫政府不預備於夙昔，誠無用矣，然至今日而令議者人人代為執政，亦以何物禦之乎？由成都往打箭爐四十日，由打箭爐入拉薩七十日，由拉薩至亞東關二十一日，調兵運糧，歷四月乃至。而印度之調兵運糧，由加拉吉打（Calcutta）都會一日而汽車可達大吉嶺，由大吉嶺有小路兩日可至亞東關。彼之程不及四日，我之程乃至四月，何以待之，若東三省之事，條理甚多，我今日亦不暇詳說及此。要之砲、艦、軍兵不備，道路不通，工藝、汽、電不解，雖有堯、舜，萬不能以立國拒敵，此相因之勢也。

數年以來萬國注射於我，交涉日多，邊釁日啟，如狂風驟雨之四集。一有俄日之戰，朝鮮我血屬也，數千年箕子之封，一日而亡，當國者聞之寧能不寒而慄耶？此五六年中我海軍未成，陸軍未練，道路未通，汽、電未解，工藝未開，而強敵之交壓而迸迫誰敢保其不來？一有來者，既無禦具，何以待之？是則雖舉國之學校已開，法律已改，官制新定，譯書遍野，農商並闢，理財有術，議院大成，國民皆得自由，士人皆通外學，才俊如林，雄傑滿野，豈能以肉薄而禦一分時六百响之砲乎？

吾於四萬萬人中亦為粗有知識，於中國之書既無不讀，即歐、美之學理、事蹟、風俗亦無不探檢而略通之，且亦自竭至誠捨性命以圖救國矣。吾於普大地萬國中不在人後，雖地球諸聖哲吾亦未見其長。然使物質不興，則即令四萬萬人者皆如我，然已無補於亡矣！蓋我雖略具熱誠，粗通學理，而於物質、實業不能成一藝，則於救國之實事，即為無用之尤。故猶太有耶穌之生，而數十年即亡；印度有佛，而印度累滅。故苟非與時適用，雖有教主，而無救於國焉。吾師乎，吾師乎，俄之大彼得帝也。吾觀彼得學船之木屋卑隘囂陋，不可以常人居也，而彼得以帝者雜伍於工人，苦身學之三年以歸，教其國人，卒以海師霸北歐。夫以彼帝王而不自安樂，乃遁於異國，自苦學實業如是，而我不能之，此我之大慚大恥也。我既慚恥，而我四萬萬同胞，上至士夫，下至賤工，鮮學實業者，此中國之大憂也，亦四萬萬人上下公同之大恥大謬也！

十二、美國文明在物質非教化可至

美國者百年新造之國，至淺鮮也，而今者富冠大地，雖兵不多，昔僅二萬，今六十萬，近者東定古巴，西取呂宋，歐洲諸強側睨而涎望，莫敢正視者，非有他也，物質之學盛而工藝最精故也。將謂文明之美耶？則奸詐、貪邪不可枚舉。國尚富，以好利為主義，苟富矣，則殺人可不死，重賄陪審員與辯護士足矣；子不養其父，至於死於紐約街亭；故人貧落，則反眼不相識；偽為銀紙者相望；公園僻地多劫盜，甚者且劫銀；詐以妻誘人而勒財；工黨歲相殺，官無力以制之；以奸色相殺者歲七千人；各郡邑報紙無日不言劫、殺、淫、盜事；兄妹為夫婦，甚者父子為婚，其他淫案異狀不可勝道也；小吏詐贓勒放者，抑不足計。國人惟逐利，故尚工而不好文學；然以尚富故，故人皆講工藝，而致富強矣。

自美東諸大市工廠吾遊殆遍，其日出新奇殆有軼歐洲者。如電線能寫筆蹟於千里外；算盤一秒時三百數可訖；市肆、官衙，電話筒在手，留聲電板在口；藏書樓取書者，機可走送；銀行、寄貨店，一日發八千信，印信、開信、黏口、加印花，無在非用機者。故一人一時所作皆可兼百數十人之工。以鐵構築，室高至二十餘層。遊於華盛頓乎，觀其創新專利院[1]，自彼一千七百九十五年始以至於今凡十九萬五千具，則新世界之制作無不備。百年之間所以轉舊世界為新世界者，皆在此十九萬五千具矣。美之人習之若忘，此院黑闇塵污，幾無人省視；吾遊而歎之，以旋乾轉坤在此院也。美自彼一千八百六十五年，當我同治五年也，始作紙幣，當南北戰後，國貧甚，以之充兵餉，遂以富國。觀於全球之富強也，在於華盛頓之紙幣局與創新專利院二者備矣，皆至粗物質之事也。

美工業既盛，富源日闢，於是壟斷新法日出，而百業歸於托辣斯矣。全美製鐵大廠廿一，以十五萬萬一公司盡買之。開一製鐵學校，期盡地球製鐵之利。煤油、鐵路亦然。於是紐約股票之起落，摩根（Morgan）之徒得低昂操縱；各國之商業雖數百萬之富可一日而倒。於是化臭腐為神奇，奔走各國，惟其意矣。物質之粗，今時為帝者哉，其力乃至如此！

夫中國之不振，百事敗壞，固不可勝數矣。今不言國事，但言民俗，然文明之不進，民智之不開，固由教之未盡，亦由道路未通，民富未充之故，則一切根原亦由物質不講致然也。即如美國教會之盛，能布教於全球，其傳教固勤勤，而其教亦日光大矣。然美之富人居地球之半數，煤油大王落機花路（Rockefeller）之布施已十數萬。中國何從得此？若學校乎，則若英之惡士佛，美國三藩直司高（San Francisco）之斯丹佛（Stanford）[2]，芝加高之

1 創新專利院，即Patent Office，原本後文「創新」作「創制」，又作「創造」，俱改從此。
2 三藩息士高，息原作直，後文亦然，惟理財救國論及有為遊美詩均作息，改從息。

鋼鐵大王卡利忌（Carnegie），及落機花路等，皆以一人費數百萬成一大學。若卡利忌之施於全美為書樓、學校者，已一萬萬矣。聞卡利忌富八萬萬，施觀書樓凡一千三百所，在紐約者一百三十餘，統在美六百餘，餘皆在英，以其本蘇格蘭生也。凡有欲開觀書樓者，請之必應。必珠卜（Pittsburg）則築之登登，書樓相望，今又營一專製鐵之學校，欲極地球之大觀者，吾皆遊之。今日閱報，卡利忌又施千萬，營一新學校矣。聞全美人才藉卡利忌書樓而成學者十之八。其餘如卡者尚不可勝數，展轉相生，云來千億，又有無數之卡利忌出，而書樓人才亦與為無量數焉。此豈中國所有乎？菩遍遊美東各藏書樓，有分男女者，置報以數千，但無中國之報耳，工藝、小說之書尤夥。樓多以雪石為之。其婦女別自為藏書樓，一大市而數所矣。非中國人之樂施不及美國人也，其富力實遠不逮也。

夫美之人能為此好善樂施者，則以煤油、製鋼、製電之富力至大也。必珠卜一埠，地方六十里，人數十萬，幾皆為鋼鐵大王之部民。德之克虜伯廠部民廿餘萬，立學十數，亦皆克虜伯施捨為之。蓋大富之餘一身用之不盡，如卡利忌富者八萬萬，則以一萬萬興學，不過出其涓滴之餘以濟人，而可得千秋之美譽，此固順人情之所樂而非有所難強也。然而學校由此而大開，藏書樓由此而大盛，國民之智慧才藝日發生滋長而不窮，而愛的森（Edison）、摩根、落機花路、卡利忌之流日出而無已，建學堂、藏書、施醫亦無已，兩者相生無已。全國之學既設，道路開，百機日新而並作，而軍國民之日富以強遂不求而自致矣。於是麗其宮室，美其服食，善其儀容，蓋富既至矣，則以禮法相尚，言語坐立自有規式，其不能者則笑之，自謂文明，而謂異此者為野蠻，此乃萬國之通俗，而非歐、美之特俗矣。

惟其學校遍國，工藝大開，人人入學，故禮俗同一，人人能作工以得食，八時即散，餘以行樂。故其貧人、工子放工之餘，或來復之日，大眾相聚，談讌遊觀，相摩相視，亦能盛飾衣服，習成禮俗，而不至鄙樸組疏之容言，幾若近乎文人之舉動者，則以少曾入學而習之，長得遊會以摩之也。工藝既開，運輸日便，致財日多，乃至家用之物亦日賤。乃其阿耳頻山[3]、落機山（Rocky Mts.），荒僻高峻之地，其貧人之屋必鋪地毯，其牆必裱花紙；其婦女亦皆曾經入學，故以潔相尚，屋無纖塵，廚無纖污，陳設雅麗，盤碟整美；其溷廁、道路則吏時巡視而罰之；其警吏既眾，故鮮道路詬詈毆鬥之事，不潔或大聲詬詈者則相非笑，不比於人。治密俗成，故其工人男女皆若有士君子之儀容，而鄉民服居皆若有公侯之都麗。此則今日歐、美文明絕出之俗，而吾國所不及者。

然此必非中國舊法所能有也，無可責也，無可望也。即使堯、舜復生，伊、周執政，化行俗美，戶盡可封，家敦廉讓，乃至若孔子之大同，老子之甂瓶，莊子之建德[4]，人人性

---

3 阿耳頻山，當是美國東部之Appalachian（阿帕拉契）山，或Allegheny（阿利根尼）山，與西部之落機山對舉。

4 老子之甂瓶，當是《列子》之甂甀。《列子．湯問篇》載北海之北有國名終北，「當國之中有山，山名壺領，狀若甂甀（即瓦瓶）」，有神泉湧出，下注四方，故其國「土氣和，無扎厲，人性婉而從，物不競不爭，柔心而弱骨，不驕不忌，長幼儕居，不君不臣，……其民孳阜亡數，有喜樂，亡衰老哀苦」。故「甂甀」之與孔子

善，皆有君子之行，而無鐵路以通遠，無電車以合近，無電話以通言，無影相以攝形，無千里鏡以視遠，無顯微鏡以辨小，無報紙以開見聞，無汽機以省人力，而欲滇、黔荒僻之壤，溪、岡蠻夷之域，莫不家鋪地毯，牆裱花紙，士女服用無異都人，童嫗言動有類學士，此必不可得之數也。以無物質之媒介橋航，則此文明有如絕流斷港，不可至也。故道德之文明可以教化至也，文物之文明不可以空論教化至也。物質之學為新世界政俗之源本，為新世界人事之宗祀；不從物質學措手，則徒用中國之舊學固不能與之競，即用歐、美民權、自由、立憲、公議之新說及一切法律、章程，亦不能成彼之政俗也。

加拿大灣高華、美國羅生技利（Los Angeles）之為都邑也，僅十八年耳[5]。二十年前，當安南、緬甸亡後，此二都會者尚皆荒山榛莽，為狐兔之窟，今則拓成數十里之大，都會居民十餘萬；宮室、園林之麗靡，學堂、公館之壯盛，電車如織，電燈如月，來復之日咸遊公園，士女綺裳，馬車如雲，羅生比灣高華尤盛也。吾遊羅生叻論（Redlands）之鄉[6]，開闢

之「大同」，莊子之「建德」俱為理想世界之代名。

5 加拿大境通至太平洋岸之鐵路於一八八五年完成，第二年通車，始有灣高華（溫古華）港口及城市之建立。羅生技利（落杉磯）亦在一八八五年始有鐵路通東部，二年間人口由一萬二千增至五萬，又三年後發現石油，始大發展。有為於一九〇四年末在灣高華，第二年至羅生技利小住，著手作《物質救國論》，上距一八八五年為十八年光景，故云此兩地之為都邑僅「十八年耳」。

6 列論，Redlands。

僅六年耳，大廈雲聳，園林妙麗，占山闢壑，垂楊夾道，士女走集，農圃滿路，整齊妙麗，則以我數千年之中國、日本及大都會之江、浙、楚、粤、江戶、橫濱，無能及其六年之小鄉者；則以彼地暖產橙，易於獲利，有紐約之富人東遷至此，故開闢迅速，數千人中過百萬之富者已四十六人，餘中富不可數。每人園林、宮館皆自占一山，各門詭奇，遙遙相望，各有電行車、良馬，以復日相逐，於是客店、戲館、學堂、公園因之而鬧。而高山闢廣路，車馬可以盤旋而登巔，僻屋通電車，居人可以搭車而出入。夜則電燈如晝，日則遊女如市。此其原因，皆由電車、汽車之所致。士卜梘（Spokane）市之開闢亦然，全美類是。皆紐約之能有多富人及諸富人之易於移居也，非電車、汽車無以得此。其園廬之分處野中、山上，宏大荒漠，冠山占壑，不嫌荒野，皆電車、汽車為之。故叨論鄉以六年之力而勝於我東方數千年文明大國矣。此非我東方數千年數萬萬人之不及也，物質之學使之然也。物質之倍數既甚，導源極遠，故其收效亦超絕無倫也。

夫美國東方之繁富詭麗，此在美西太平洋之荒地僻鄉固不足為美國道，吾就適所遊言之，然其過絕吾東方大都會已如此也。況美東更繁麗之鄉也，不止三年成大聚，五年成大都也。又不徒此鄉也，落機以西五省開闢僅五十年[7]，當我生之初尚皆野番之地，莽木灌莽之

7 落機以西五省，即華盛頓、俄勒岡、愛達荷、內華達、加利福尼亞。

所轄，鳥獸蟲蛇之所窟，今其都會之盛大偉麗，宮室之新奇都妙，學堂、宮館之莊嚴華妙，士女之遊樂昌豐，四十年前無乾沙埠（Kansas City）[8]，人家六十萬，室屋、道路皆精麗博大至矣，與老歐洲之巴黎、伯林、倫敦爭勝，而羅馬以下各都有同噲等之不可伍矣，豈獨我東方哉！故歐人赴之如水之就下，開闢日益，樂土樂國，爰得我所，此間樂不思蜀矣。蓋美之荒地至多而物質至盛，故數十年即呈此突兀之巨觀也，自三藩息士高通紐約之車路成於同治四年，而有此大效也。豈惟美西數省之僻壤哉，即美國東方全境之盛，亦在南北戰後修補瘡痍，在同治四年車路成後乃始盛美，上下古今不過四十年耳。此皆吾所目睹者。以修明物質，講求農、工、商、礦之學，今遂富樂冠於萬國，此非徒言共和、自由所能致也，物質學為之也。

如謂共和、自由之所能致，則南美諸國何不然也？吾一入墨西哥境，滿目荒　，居人如鳩如豕，野蠻之象有如馬、驢，此豈非共和、自由之政哉？以物質未興故也。故論者謂華忒以來百年之世宙過於亞當以來數萬年。夫美國之所以為美者，在此數十年物質之修明，而即冠萬國，亦可證物質之變化人類最大也。蓋自華盛頓開國後至南北戰時凡八十年，地利未

8 乾沙埠即Kansas City，堪薩斯市，後文頁六六作乾沙色地；一八五〇年始有Kansas鎮，一八五二年改為City，至一八八九年始採Kansas City之名。此城人口一九〇〇年為一六三、六五〇，故乾沙埠下云「人家六十萬」有誤。又此句上下文論「落機」又此句前後文論「落機以西五省」，「美西數省」，惟此句涉中西部一市，似不妥恰，行文亦顯匆促有失。然有為詩文數涉Kansas City，可知其非不知其地理。

闢，人口未盛，賦入未多，不過今南美小國之列，未足與歐洲大國等也。今以四十年之力驟冠萬國，遂以東取古巴，西定呂宋，今為海軍一等國，亦可驚也。觀德之二十年中工商之業之盛於大地如彼，美之四十年中富強之效之冠於萬國如此，此何以哉？皆物質之為之也。

十三、論中國古教以農立國教化可美而不開新物質則無由比歐美文物

賈誼曰，「一夫不耕，或受之飢，一婦不織，或受之寒」，至欲罷棄技藝、工巧、女紅，驅天下人轉而緣南畝。蓋人道之始惟需衣食，聖人因人道而為治也，乃以勸衣食為第一要務。故古聖專意農桑，乃為之擘畫細微，深計民生之曲折：每夫家人數口，受田百畝，耕之則可無飢；五畝之宅，牆下種桑養蠶，織之則可無寒；又於地旁養五母雞，二母彘，生子眾多，則可養老者。據李克所計，常國時每石米值錢高者九十，下者三十，而六十為中；一人一歲之衣用錢千；歲時伏臘、祭祀、弔喪、問疾用錢一千五百；婦人就月而織，則一月得四十五日；相勞則歌，冬穫入邑，則童子入學，誦詩讀書，教以孝弟，而大蜡以一日勞農夫焉。其士、大夫、君、王，則因農夫所入而倍之，皆依農夫以起算。如此則衣食足，教化興，禮讓行，頌聲作，被髮美好，含哺而游，以是為治化之極。然此境為中國士人數千年所想望而未得之者，徒令千年八股家贊歎想慕，如神山樓閣而已。然使果如所望，則勤農豐歲，終歲勞動，胼手胝足，耰耡襏襫，亦僅得家人僅免飢寒，至一歲之中，大蜡之饗，乃始

見黃衣野服，聞草鼓蕢桴，得一日之樂，此已為張而能弛之妙法矣。

然以此民生之勞苦儉觳，國體之不壯美麗都，今歐、美人必極笑之，或且以為樸陋近野蠻矣。蓋以彼深山窮谷之僻氓皆有地毯鋪地，花紙裱牆，白布衣桌，軟几安體，瓷盤供食，玻杯備飲，此等受用美備則公卿之所不及者。若其作工不過八時，仍不赤體跣足，工罷則遊園看劇，美衣美食，鼓琴二女裸，有古天子之奉焉。而七日一蜡，更為終日之極樂，此之終歲一蜡者其為樂五十倍焉。即其男女無別，相攜為樂，此則桑間濮上，採蘭贈芍，教育各殊，彼以人道主樂云爾，今且勿論。就此氓民器用過於公卿，省勞行樂倍於五十而近於天子，其勞逸、美惡、苦樂之殊科懸絕乃至若此，非古人思之未至也。先聖為民計樂利，非不欲去勞、苦、惡而就美、樂、逸也，為物質學之未開而財力有以限之也。故窮思所得，以農立國者不得不止於此也。

今自物質學之既新，蒸汽、電、化之機日出，無一而不易為機工之世界矣。校之以勞手足而為農世界，其比例可得而考焉。

其最變易世界者有三事，則鐵路、汽船、電線為力最大。人之行移每日百里，馬行倍之，舟車行亦與人相伯仲。康熙時有八百里紅旗報，則聖祖大喜，以為自古未有。中國國土既大，以一省之程計之，在廣東之內，自省城至南雄舟行須一月；至廉、瓊廿餘日。由桂林至龍州，須四十日；至鎮安界雲南處，則須四十餘日矣。如自廣、東至京，須三月；往雲南亦然。有一道員自桂林移官往甘肅者，聞之須半歲。而新疆、西藏且勿論也。吾好遊者也，昔遊桂林、平樂，欲便道一遊龍州，計程須四十日，即不往。道既阻遠，人士艱於出遊，則知識不開，而常閉於鄉曲拘泥之見；商貨難於輸運，則品物難流通，而習於窳敗儉陋之俗。試問廣東連州猺峒、廣西苗峒之中，四川峨眉山頂，雲南點蒼道旁，而欲家家陳玻璃之電燈、杯盤，五色之地氈、牆紙，須費幾何？人人習京師槃辟之禮法，衣上海時新花樣之紗綢，從何習得？故欲人性之善，家敦廉讓，尚有以致之；若欲易滇、黔山間之儉陋為歐、美之文明，則先聖無術以致之也。

他日數十年間，點蒼、蛾眉之巔豈有以異於落機山頂乎？其陳玻璃之電燈、杯盤，五色之地氈、牆紙，可決之也。此非文明與不文明，實有物質學與無物質學之殊也。今法國鐵路速者一時行七十英里，是二百餘中里也，一日二十四時可行五千中里，是縱橫吾十八省內，則舉國無過一日之程者。以此則人人遊歷，智識大闢，而禮俗可以相同；百貨運輸，無遠不屆，既賤既時，而器物可以平等；則歐、美人向來笑我之儉陋者，乃有以雪之也。如無鐵路、汽船，則吾滇、黔山谷之民，服食之陋如鳥如豕，焉得而不為歐、美人輕也？豈惟滇、黔山谷之民，以歐、美人視舉中國人之儉陋，亦猶是也。

若電線之為用，今以九秒時而周於大地矣。近且有無線之電，立線臺嶺，散之空中，萬千里可復收之者矣。大之有變亂之事則數萬里而頃刻可知，而可亟為調集彈壓焉，則亂源長弭而盜賊不行矣；商賈通貨則如時其高下而立傳焉；官吏辦事查姦，可不出堂戶，傳電話而執行之矣；士民交懽通信，可千萬里而如同堂，以傳情親而合大群焉；昔者特造一人，經年累月乃能寄一信者，今則傳電可立通焉。此其增長知識，省時增壽，便於民用，尤益軍國，以加飾文明者，其增率豈止百千哉！

一女之手織，計可衣被者歲不過數人。今美國之織工，一年平均三萬碼，可足供千六百中國人之用，則所入應數十倍於昔，而服器、行樂自增數十倍矣。一農之耕，中國僅養十數人。以機為之，能出麥五千五百蒲士（bushel）。以五百留作種，以五千蒲士製粉，可得千桶，又供千人之食，則所入亦應數十倍於昔，而服食、行樂自增數十倍矣。故中人之以手製釘一日不過千數百，而以機為之，則可七百五十餘萬。製鈕者一人一日之力不過十數具，今以機器為之，則一人一日可以至萬數。衣履之具，以機為之，頃刻可成。昔日之十日成一衣履者，今則一日成十萬衣履矣。其他藉化學、格致之物莫不皆然，其作工之貨物增古者千萬倍，則其器服、行樂亦必千萬倍也。

況交通既便，新物新製、新事新業亦隨之而日增，而生人亦得從而增長，以受其樂利。如執鐵路、郵政、電線之業，駕海、通商、撰報之人，日增無數，以通為其事業。此皆古農國所無者也。

電燈可以照夜為晝，電戲可以動跳如生，電板可以留聲聽歌，電車可以通遠為近，影相可以縮人物、山川於目前，印板可以留書籍、報紙於頃刻：凡此開知識致歡樂之事，人道所號為文明，國體所藉為盛美者，皆新物質之為之也。古者無之，自為觳觫儉陋之觀，故可使比戶可封，人知廉讓，道德美矣，而不能得此文明也。

十四、國之強弱視蒸汽力人力馬力之漲縮為比例

自蒸汽力之出可以代人力、馬力之勞作，資本既省，運輸尤便。故自道光二十年，蒸汽未大行，歐洲各國代人力者增三倍，凡十五人所作用五人而可成。美洲則增八倍，至今則增三十五倍焉。其十之六為鐵路，十之二為汽船，又十之二為製造、開礦。夫蒸力倍於人力者三，則所入者亦三倍，而人道之服器、行樂亦三倍，國力之增強亦三倍；倍於人力者八倍與三十五倍，則人道器服、行樂亦八倍、三十五倍，國力之增強亦八倍、三十五倍。其在歐洲，英汽機力最先最大，故最先強。法、德遲變，力亦稍薄，故次之。西班牙小變，而美國變尤速尤盛，故西班牙遂東西被割於美。故覘國力者，量其蒸汽力與人力之多寡為反正比例，而可定其國勢焉。今以各國汽力與人、馬力比較表如後。

英、美之至富者，其蒸汽力之至多也。德亦過於法二之一，而半於美。法倍於俄。其蒸汽力愈多者，其人、馬力愈減；其蒸汽力愈少者，人、馬力愈多。惟美略反是耳，故與英相等。當此之世，安南、緬甸、突尼斯（Tunesia）、馬達加斯加（Madagascar）等國，土地、人民與歐洲各國平等者，不足當其一映矣。即以土地、人民十倍大之中國，數倍大之突厥與

國名	蒸汽力 （單位：百萬噸）	人、馬力 （單位：百萬噸）
美國	67,760	61,000
英國	51,880	9,530
德國	30,600	15,760
法國	19,660	12,800
俄國	11,200	701,500
奧國	19,560	104,230
意國	5,480	6,554

比較三十五倍之蒸汽力，則國勢實遜其數倍，故仍聽其蹂躪宰割也。即其人民之苦樂文野，亦因其動力之多寡而得比例焉。夫勢由力生，故歐、美之能以小為大，以弱為強者，能以物質學自增其力也。力增則勢增，故吾國之見弱於歐、美，吾民之見賤辱於歐、美，力之多寡為之，非幸致也，數使然也。今開口動言自強，夫強弱者勢力之謂也，既較實力，而不從事於物質，乃從事於空言民主、自由、革命之說，豈非望空而射天，緣木而求魚乎？所由非其道也。

運輸之業，自有鐵路、輪船各機器以來，以歐計之，每人每日運一千萬噸，較之本人力多二十倍，則所得之利當亦如之，所享之服器、行樂當亦如之。以汽機之力能代人力而倍數之多也，故人力益舒，故益得閒暇。昔之一日作工十四時者，今以作工八時，而來復日則停工，來復六日亦有停工半舟，停工之後，或行樂，或就學，於是有夜學，來復學焉，故人益得閒暇，以尋樂憤勉而進學。美如總統林肯之流，皆為傭工，以夜學而成才者也。而何必逐月而織，以為一月得四十五日之算也？故我國人作工之勤，不息之苦，各國所共稱，而所入反少，則以用徒手與假之於物之異也。人能假之於物，則富逸而樂，我專待手作，則勞苦而儉貧。然則吾國人亦太勞苦矣哉！

貧儉則肉食不足，而血枯致病，或死勞苦，則不能尋樂，不暇為學，神明無自而暢，智識無自而開，勞工不易以成才，而面色黃瘠，血肉枯槁，不得遂其生以死者，一歲之中不知幾億萬也。以其勞苦不學，身軀枯弱，其傳種也亦復愚弱相尋矣。夫吾國人之以身體黃弱枯瘠，愚闇無學，見輕笑於外人者，推其本原，則無汽機以代力，俾其得有暇裕，以養生學業致然也。然則物質學之不開，其害遍於全國人勞苦黃弱愚闇，而延禍於種類至於無窮。甚矣，物質學所關之大也！吾嘗見鄉里之中士人之家，世為儒業，子孫不能自立，不一二傳而為鄙人，面黃瘠而闇愚，即禮法亦不知，丁口亦因之漸微矣。其以工商致富者，漸教其子孫讀書登第，一二傳後，子弟皆秀發端豐，翩翩知禮，丁口繁多，稱盛門矣。

美國人不尚文學，惟事工藝致富。其總統無一從博士起家，各長官亦寥寥。一牧羊致富，舉為埃利賀（Idaho）總督[1]。一鞋肆之主，立公舉為波士頓（Boston）總督[2]。與吾

1 埃利賀，當是Idaho（愛達荷）之音誤。有為所見此省（州）總督（州長）當是第七任（一九〇五－一九〇九）之古定（Frank R. Gooding, 1867-1928），為牧場主。

2 波士頓總督，即麻撒諸塞茨（Massachusetts）州長。有為所見當是第四十二任（一九〇五－一九〇六）之道格拉斯（William Lewis Douglas, 1845-1924），製鞋學徒出身，成大鞋廠主。

周旋，恂恂無能。蓋大地之尚文學無若中國者，而與美貧富強弱相反，蓋從事於虛與從事於實之相反若是也。夫人道之始，國勢之初，皆造端於實力。其文學、哲理之發生，皆其後起。既強盛之後，而後乃從而文之。故物質學乎，乃一切事理之託命。如有平地矣，而後可跳舞踐踏；有巨艦矣，而後可臨陣賦詩。若皮之不存，毛將焉傅？故無新物質學，則軍國民無所托依以為命，而被人吞割，何復云云！況競爭之世，優勝劣敗，少劣不能自立，如法及西班牙且然，況全無者乎！詩云，「無衣無褐，何以卒歲？」今無新物質者，無汽無電，無工無商，無兵無砲，何以立於今之競爭之世乎？故中國四千年無可比例，三代立法亦不同時，即在歐洲亦非復其舊故。非歐、美之有勝於我，而新物質學之戰勝大地，莫不屈服，而我尚守舊負氣，盲瞽妄行，不知所從，則惟有舉莫大之國土，挾無數之同胞，以求亡絕而已！

十五、實行興物質學之法在派遊學延名匠

今將大振物質、工學，以為富民強兵立國之道，凡有二焉：一曰大派遊學，以學於外。一曰廣延名匠，以教於中。夫此二事之本皆在理財，理財之法精深奧微，非今日諸公所能知，亦非今日之政體所能行。（欲言之亦當在他篇。）然既知為立國富民之根，不則亡國絕種，當必舉國聳然震動而合力以赴者，比之賠款其急萬倍，則不可已。使全國人知之，則必全力赴之矣。今不為理財之本原計，而為官民合辦之謀。中國縣凡二千，每縣籌游學生五人之費，其大縣多籌者聽之，小縣無人通語言能游者，暫缺。統而計之，必當立派學生萬人，往歐、美、日本學物質、工藝、兵、砲壘、機器、電、化之學。有監督官略為部分，雖各因其性之所近，然必使凡百工業莫不備具，無使有太偏多而致缺乏者。

德國工藝甚精，其通德語者遣往德尤善。但國人多通英語，則以學於英、美為便。日本同文，則尤近易矣，專以學工藝、兵事為主。

十六、派遊學宜往蘇格蘭學機器

英之倫敦乃政治、文學之中心，非工藝之聚處也。其最著之惡士佛大學及監布列住大學，皆教人道學與哲學、神學、文學，旁及醫、律，其生徒多皆世爵、官子，騖名而來，翩翩文采，都麗自高，而非物質學之地。法人高舒，鄙工藝而尚哲理、文學，與中國略同，故巴黎大學尤遠於物質。若蘇格蘭之噫顛堡京，及拉士貢與栢明兼市，則物質學之源泉藪澤也，華忒、達爾文皆產於是焉。吾過其宅，遊其博物院，瞻其像，幾可謂新世界之發生由是也。萬國之博物院皆陳古器物為多，其於考人道進化之理固不可少矣。而噫顛堡之博物院，則皆機器也。古今各國之機器多陳於是，而尤以蘇格蘭所製出為尤多，上下各層，周行院落，無非汽機也。有機以動之撫之，則各機自行旋動而觀者可解，因可推求其用，比較其得失，以至深至精之機可一覽而得之。各國遊博物院皆取資，遊此者不取資焉。其於開牖其民智，而廣闢製造之途而普導引之，至為良法也。故蘇格蘭之工廠如林，而學堂乃精於物質，其醫學因而最有名焉。多所取證故也。故學物質學者，宜往蘇格蘭也。且蘇格蘭物價賤，無英倫繁華體制之尚，其於工學者尤宜，且大省學費焉。

十七、學電學莫如美汽機亦然

若電學乎，則本創於美人之富蘭克令（Franklin），今美議院及哥林布（Columbia）大學有其像。故美為最精，德人次之，蓋德人勝於虛論，美人勝於實測也。英國人且世學于德，吾國人則宜專學於美矣。且國人在美者多，言語習慣，一轉移間即得人材無數，但在所以鼓勵之養育之耳。

美之大學校吾遍遊之。自波市頓之哈佛，紐約嬉份（New Haven）之耶路（Yale），紐約之哥林布，及芝加高（Chicago）、新藟（New Castle）、波利磨（Baltimore）、費城（Philad-elphia）、乾沙色地（Kansas City），皆嘗登堂入室。校制、學科皆仿英之監布列住、惡士佛，遠不如英、德之精深，蓋以美人好實利而不尚虛文，故開國百餘年未嘗出一哲學家。吾與美人談美風俗，曰：「吾美國物質學勝全球，而百年不曾出一哲學家。」可謂知言。故探求他學，英人士多輕視之。在美學文學、律學者領有B.A.秀才文憑，英不認之，到英之惡士佛等學，尚須考試乃許入。至於物質乎，電學乎，則美之專長也。若美西大學規模之劣小，比之英、德、法，相去不可道里計。吾嘗遊其西林（Salem）、埃利賀（Idaho）、今抓拉（Gonzaga）諸大學矣[1]。其美東有名數學亦迥非英、惡士佛、監布列住及德國大學之比也。故學於美者莫如學其電、化與物質矣。

美之物質學，莫如紐約之刊奈爾Cornell大學校，其電學尤為全球第一。聞美國去年新藟之會考，電學金牌皆為是校所得。方今機器之途漸過，電學當代統而為帝，吾逐人後而學汽機，須數年乃成，則電又日新矣。電學一新出，舊製胥棄，則吾所學成者乃為人吐棄之餘，其為無用則一也。（芝加高大學、波士頓工藝學亦至有名，鳥柯連（New Orleans）工藝大學機器至多。）故宜多派學生就此學電學，次之乃及物質焉。其學脩僅百元或過百元。然是地多華人，一歲學費華銀千元而已足，實費尚不及英國之多也。若派學生千人，歲費不過百萬。但恐今日無入學之資格，不足千人，則歲費不過數十萬耳。五年後學成而歸，每省有數十人之用，以之製造一切電氣、汽機，人數既多，必有聰敏明悟之士能創新法者，則軍械、

---

1 西林大學，當即俄勒岡（Oregon）州Salem（西林、塞倫）市之威拉米特大學（Willamette Univ.），一八八五年由俄勒岡學院（Oregon Institute）改立。埃利賀大學，當是Idaho州莫斯科（Moscow）市之愛達荷大學（Univ. of Idaho），一八八九年立，至本世紀初年大學本科生僅一〇六人；不然則是此州波卡特羅（Pocatello）市之愛達荷州立學院（Idaho State Collgee），一九〇一年立（一九六三年始改為大學）。待考。今抓拉大學，當即華盛頓州Spoken（士卜梘、斯波坎）之岡查加大學（Gonzaga Univ），一八八七年立。

用器亦必有可觀。如此則可以與萬國爭矣。此最要最後之勝著，今日不可不預為之地者也。

若欲省費，則美之惡倫（Oakland）有卜忌利大學校[2]，Berkeley 一富人之所施也，其物質學亦可言焉。今中國物質學尚未萌芽，但求滿於實用，不必待於精奇，其歲修不過十圓，其地華人之物尤多且賤，服食尤廉，歲費不過華銀四五百圓而足矣。若由官派，有華廚辦食，合而為一，人數既多，其費尤省。雖派千人，不過歲費三十萬兩可矣。況今尚無千人入學之資格乎？國家賠款賠磅，歲費不止數千萬，而宮廷萬壽，大吏供應，隨在皆費數十萬。不為強國根本之計，而妄為無謂之舉，其愚而求亡辱，何可當也！及為外人侵割凌辱，不得已而賠款割地，動輒數萬萬，所失不尤多乎？

昔賠日之款二萬萬，戊戌之春為一萬萬應償之時，司農仰屋而無術，張樵野侍郎借得一萬萬於德華銀行，喜極而自功。吾語之曰：「惜乎其借以與人，而不借以自用也。吾恐此萬萬者甫償，而後之賠款數萬萬又來，而官司農者益難也。」張為愕然。吾曰：「若多借一二萬萬，以一萬萬治海軍，一萬萬興學派學生，則吾可取償於人矣。否則後之償款無已也。」不數年而庚子禍償十萬萬矣。今又不再圖自強，後之視今，猶今之視昔也，寧有可幸乎？故宜決籌遠計，大養學生，而為不敗之地也。若為一日之計而吝此學費，不謀大局，是待亡

2 卜忌利大學校，即加利福尼亞大學；所在地Berkeley南隣Oakland。

而已。

鳥柯連大學校長語我曰：「若中國派人來學，吾當特別相待，若學工程，雖不識英文，亦可入學而教之。」若此最捷矣。

卜忌利學校學生三千人，其教物質有六科，率四年卒業。機器、工程、化學，分為三科，其他三科則農、商、礦也。

其機器科分年課程如下：

	第一年	第二年	第三年	第四年
算學	代數幾何微積之分析及應用	同上	微積方程理解	
物理	初級試驗與講義	通論物質測量	分析重學電氣測量電學	物理實驗電機意匠
化學	無機講義實驗與求質			
繪圖	器機學幾何畫	幾何畫機器圖	機器圖	建築圖
兵操				
器械		廠工實習	同上電機	動物學水機學器機學器機運動
工程		測量與形圖	材料之力	
天文				

其工程科分年課程如下：

第一年		第二年		第三年分三專科
算學	代數幾何微積之分析及應用	續上年微積問題		一、鐵路工程
物理	初級講義與試驗	通論試驗		二、衛生工程
化學	無機講義			三、水利工程
	求質實習			
繪圖	機器畫幾何畫	幾何畫		
兵操		同上		
練身		同上		
		工程	講義	
			測量與圖形	
			寫景圖	
		鑛物	試驗	
		機械	廠工實習	

鐵路工程第三年		衛生工程第三年		水利工程第三年	
工程	測量鐵路大路	工程	測量鐵路大路運河講義	水利	工程與計學
	運河講義			工程	材料之力
	測量與圖形		測量與圖形		建築材料
	夏季一月實習		溝渠制度	物理	分析重學

工程	鐵路計學
	材料之力
	建築材料
	試驗
	間架之結構
天文	最小方
物理	分析重學
繪圖	機器圖
兵操	

工程	材料之力
	建築材料
	試驗
	間架之結構
	夏季一月實習
自由選擇	
物理	分析重學
繪圖	機器圖
兵操	

農學	通論
繪圖	機器圖
選擇	
兵操	

鐵路工程第四年	
工程	建築之意匠
	大路與鋪路
	基址
	試驗講義
	高等測量
機械	動水學
天文	測天實習
地質	通論
兵操	理論
畢業文題	

衛生工程第四年	
工程	供水制度
	築壩
	建築之意匠
	大路與鋪路
	基址
	試驗
機械	動水學
地質	通論
選擇	
畢業文題	

水利工程第四年	
水利	建設與法律
工程	基址
	間架之結構
	築壩
機械	動水學
農圃	通論
選擇	
畢業文題	
兵操	理論

化學科分年課程如下：

年級	科目	內容
第一年	算學	代數幾何微積之分析與應用
	物理	初級講義與試驗
	化學	無機講義求質實習
	德文	
	兵操	
	練身	
第二年	算學	續上年
	物理	通論試驗
	化學	求數實習有機講義
	德文	
	兵操	
第三年	物理	分析重學
	機械	電機與構造
		實驗
	繪圖	徒手畫幾何畫
	化學	有機試驗
		物質
		物質試驗
	選擇	
	兵操	
第四年	機械	機械工程
	繪圖	機器圖
	工程	物料之力
	化學	實用化學試驗
	選擇	
	畢業文題	
	兵操	理論

美之小學冠於各國，以各國工藝均別立學以待窮子，若美國則一切小學，不論貧富，初級即有製造、機器二科，使全國童子人人少而習之，故長而執藝乎熟習，不待專學而然。故物質之精美冠於列國，而富亦為最也。今當工藝競爭之時，工精則富且強。歐洲各國尚有世爵，以故家之習，不欲親學賤工之業，故別設學，亦猶中國舊法一入學堂即誦大學，識字之

始即言治教，輕視工藝，絕無一趨習之者。在一統之世，專崇德教則可。若列國競爭，則最重物質之粗者，有粗者強，此又中國小學之所當取法美國者也。

美國有窮工學，富人捐資，不受修金，多延教習，兼備各科，或晝或夜，聽人來學。紐約、波士頓皆有之。美之大製造名人，多從此起家。此我國所宜急設者。

十八、職工學宜往德

德國物質學之實業專門學校分六級，而最貴實地練習也。若其本原，則如識字、習算、物理、繪圖、史學、地理，皆在先習之普通學科中。此各國所同。其最下之第六級，以九歲者許學焉。至第四、五級，皆以一年為學期；自第三級至第一級，以二年為學期。凡九年而後完全卒業。第六級至三級，實兼高等小學之課，以貧子至第三級後多不復學，故立課當極周備也。第五、第六兩級，則為實業之特別學矣。故自農、礦、音樂、園藝、郵驛、建築、野獵，及各職至粗之業，皆學成考試而後許為之，不僅行政、律法、海陸軍、稅學諸職也。

其下之職工學則分三級，每級以一年為學期。其二年為理論學，一年為實用學。其欲成完全之學者，入學須十四歲以上，須有中學之學科，乃能入之。若不以成完全之學為志者，則聽其本人之所願而學之。

職工學之教科，以德、法、英之國語、地理學、歷史學、自然化學、數學、物理學、化學及化學之工藝學、礦學、測量、模型、製作、計算、簿記、書信、機械、建築。以自十七歲至廿七歲為入學之齡。

柏林之技藝學、土木學、職工學之校相連，以共發其手工之巧趣為樂也，俾相摩而善也。其織學分別手織、機器織之物質、色素諸科，與模繪較相通焉。

農業學分耕作、畜牧、農業經營學、化學、物理學、博物學、數學、生計學、農業、工藝學、山林學、農業土木學、農事法規、農業沿革史、統計學，凡虛理實用，皆當並習。尚有園藝學校、種樹學校、山林學校、獵人學校，又分科中之分者也。

德之新立商學三百所，故德之商務驟進。航海學五所矣。德人武備、文學、工商、醫業無一不冠於大地，今必宜多派學生，就德國學各職業專門學，乃其最長，但學語須多費一二年工夫。德國物價最廉，若在其邊州學之，費用省於英、美殆半。彼國有特長之學，無論費否，必當派學生往盡收其長技也。乃至製紙、製皮、製陶、製玻璃皆有學，皆可派人入其學而學之。音樂學於歐洲，亦德為冠，不可不師之也。

陶學，法為最。法之賒華（Sèvres）市陶最精，吾兩遊之，宜取法。

十九、畫學樂學雕刻宜學於意

繪畫之學，為各學之本，中國人視為無用。豈知一切工商之品，文明之具，皆賴畫以發明之。夫工商之品，實利之用資也；文明之具，虛聲之所動也。若畫不精，則工品拙劣，難於銷流，而理財無從治矣。文明之具，亦立國所同競，而不可以質野立於新世互爭之時者也。故畫學不可不致精也。

畫學雕刻二者，皆以意大利為最精美。蓋二事者源於希臘，而盛於羅馬，吾曾遊意國至羅馬之都，過佛羅鍊士（Florence）及美蘭（Milan）之市，其圖畫雕石之精絕，誠萬國無有也。歐洲各國美術家，皆至其地學之，美國亦然。其刻華盛頓之名匠，亦學於意者。吾國宋、明製造之品及畫院之法亦極精工，比諸萬國，實為絕出。吾曾於十一國畫院中盡見萬國之畫矣[1]。吾南宋畫院之畫美矣，惟自明之中葉文、董出，撥棄畫院之法，誚為匠手，乃以清微淡遠易之。而意大利乃有拉非爾（Raphael）出焉，創作油畫，陰陽景色莫不迫真，於

[1] 有為在光緒三十年（一九〇四）遊歷歐洲十一國（意、法、瑞士、匈牙利、丹麥、挪威、瑞典、德、比、荷、英），極留意。

是全歐為之改變舊法而從之。故彼變而日上，我變而日下。今既欲競爭工藝物品，以為理財之本，更不能不師其畫法，尤當遣派學生往羅馬及佛羅鍊士諸畫院學之，兼及刻石，師其畫法，以更新全國，且令學校人人普習，然後製造工藝百物乃可與歐美競銷流也。否則欲理財富民富國，猶航絕流斷港而之海也，無至之日矣。今中國之學洋畫者皆西班牙法，至為淺薄惡俗，其去意大利之畫法遠矣，無可用也。

意大利民窮食賤，除購歐洲各國製造品仍自昂貴外，他皆價賤，學者居遊千數百元可足，亦當募派人士數百學之。奧國製玻璃仿古之法，比國製五色玻璃之法，皆為絕出，亦宜遣人就學。美紐約有一家創新法，光色尤勝。

至於船、砲二者則英、德特出，無與比倫，自前言德之克虜伯、伏爾鑑（Vulcan）[2]，英之墨邊、阿姆士莊外尚多。則當多派學生，分廠專習之，盡得各國之所長，乃望更出新意，此尤人所易知共知者矣。

若日本乎，與我同文，而僅隔一衣帶水，一日可渡，有同比鄰。吾前十年提倡採法日本，上之為《日本變法考》以進御，且請派學生而譯其書焉；下之作為《日本書目志》，且開局大譯其書矣。今政法諸公之譯書，吾國人既可大明之，而遊學者至數千人，歲月滋多，

2 伏爾鑑廠，即司德定（Stettin）之Vulcan船廠。

不可數矣。但苦空學者多，而實用者少。日本於物質學雖遠不如歐、美，然各種實用學亦已無不具立，地近而文同，費省而學易，以補中國之所無，則為益多矣。詩曰，「豈其食魚，必河之魴？豈其娶妻，必齊之姜？」慰情聊勝無，豈不大善？農、工、商、航海諸業學皆可就以採法者也。且其農學亦頗有心得，採用亦至近易矣。就學歲費不過三四百元，此則吾國民間宜人人自求之，不必勞官力矣。官有以保護之，祓飾之，引導之可矣。官鼓舞各縣，大縣歲籌三萬，資百人遊學；中縣三之一，歲以萬金，養三十人；小縣十之一，歲籌三千金，養十人。中國二千縣，凡有數萬人，分學各實業，四五年後收其效者不可窮究也。若夫海、陸軍乎，則日本新勝，英、美尚派人入學以法之，況我之比隣哉！可專派數千生，學於日本足矣。以我之民多財富，一變有餘，延匠自教於國。然資遣歐、美遊學有二難者，一則財力難繼，二則資格難備，雖欲講求物質，急求多人，急求致效，其道無由。無已，仍求之於己國，其需費可不大，而得人尤多，此則吾國人所不可不亟亟講求者乎？

二十、欲大開物質學於己國內地之法有八[1]

一曰實業學校

二曰小學增機器、製木二科

三曰博物院

四曰型圖館

五曰製造廠

六曰分業職工學校

七曰賽會勸工場附

七者交舉而並行，互摩而致精，乃可為也。

1 此標題稱有八法，下開項目則為七，惟第七之「賽會」附「勸工廠」，「八」法當包括「勸工廠」而言。文內則只論一至四之實業學校小學增科目，博物院，型圖館。

自開實業學

令各省大市府，如上海、天津之類，開實業學。令各國駐使訪求專門名匠，聘為教習，分門設科，雖糜重費不惜也。此事注重，全在得新法之名匠。苟非其人，則以至舊廢之法來教，不如不學之之為愈也。今德人工商學之所以大盛者，由不惜重資以聘名匠。法人吝之，此法之所以不如德也。俄彼得之變法也，亦大聘英、法、瑞、荷之名匠，考試其上者而用之。今各國人才至多。爭欲自炫其長。若我能出重資而聘之。則各國實業專門絕出之技藝。不數年間。可盡收吸之也。聞歐洲各國高才名匠多赴美，以美之修金豐厚故耳。重聘之則皆來矣。今亦有通各國語言、文學之人，亦粗足藉供譯事。其非絕出之特學，若美之電，德、英之槍砲、船艦，意之畫，則皆可藉名匠之力而傳授之。亦可多請日人教之。

凡有志而通文字、圖算之人，皆能習學，以多為貴。收其學費，每人數十元，計每學必有數千人就學。如廣、湖、江、浙，且可及萬數，人人收數十元，則歲入可得數十萬，以供名匠之用，增圖、器之費，其事至易舉。前二十年，粵城書館凡三千，鄉間且勿計，廣州應試者三萬人，廣東且勿計。若予以出身優待之，則厚取其脩，廣東人必趨之若鶩，一學而數萬人可得也。他省雖無此風，而功利則同，試士亦多。則舉此亦不難也。但官先任其成，預備其虧，營一校舍之大廈，廣置考驗之圖、器，則學費必能彌其他用。且即不能彌補，科學實為救國之第一事，寧百事不辦，此必不可缺者也。

通國小學增設機器製木二科

物質之事，乃在工藝之粗者，童而習之其事易，長而學之其事難，專門之人學之其業少，人人學之其業多。且童子性好玩物，就其所好引而導之，且可以怡悅神魂，即為貴胄，小之亦可為運甓煆灶之體操，大之可為臨政察民之實用。故凡在人生，無貴無賤，無不宜一學工藝，不可以為鄙事而不能之。況在競爭之世，國之富強以物質、工藝為託命者乎？美國小學增設機械、製木二科，多為萬物縮型，以小木小機與幼童仿造之，離之合之，削圓作方，點、線、面、體、螺線、橢圓、引機、牽線，習之極熟，故長而習成自然，故能精思日出，新器多削。即其愚鈍貧人，亦可少長而就一業。其謀生計，固已預教於公家小學中矣。美人之勝歐，全在此著。今舉國皆知興學，而徒事空文，無裨救急之實用。宜令全國小學立增此二科，大購縮型之物，若宮室、橋樑、市場、道路、鐵軌、電線，以及國俗通常器物，乃至各種機器，以多為貴，令兒童每課以一二時為之，久習生精，將來十數年物質之人才輩出，與美爭新，而跨英軼德，亦可由此而生矣。學校增設國民學之外，宜先及此。機器圖型之物，德價最廉，美國學亦多購於德，況我乎？美國貴昂，幾三倍於德，萬難購矣。

速開博物館（一）

博物院之法，專採蘇格蘭制，即照蘇格蘭博物院各汽機與華盛頓創新專利院之新器每事購其一具。若力不足，募人捐之。以一省之大，富人之多，懸定價格、募人捐助，不患不成。其電器則照刊奈爾學校之藏電器及德國電機處各置一具。或官力全置，或懸價格募捐，其捐者以金牌、寶星賞之。凡有新出者必置一具，如華盛頓創新專利院物然。吾旅美之人既多，且國人亦有樂助者，先自廣東、上海開之，至易也。器物畢具，則大地萬器之新法吾國人皆可一覽而得之。乃延匠師於來遊者，一一指導。其院即與學校同地，不獨學生易於明解，即遊客好工藝者，必有公輸、墨翟、張衡、葛亮、祖沖之之流，解物推悟，創製新法矣。

今國人之難於製器者，實由見聞之不開，而工廠之難舉辦者，亦由遠購機器之太貴。百器不新，百貨不出，為此之由。夫遊歐、美者無幾人，窮苦工人尤難遠遊，若有器物遍在己國，則性近而有志或智敏者一見即可心摹而力追之，如此則汽機必日出，且有不待學校之教者。且商標既立，凡有能創新器者重賞之，或予以專利多年，或榮以爵級，人必爭慕。吾於戊戌已奏准，奉旨允行矣。昔者欲為之而無從，今物質學校、博物院皆備，深思好製造者易於措手，必爭從事矣。

吾聞美人士之心思志想，人人無他欲，但皆欲創一新器，既創得之，則獲專利而致大富，得大名矣。故美國人之欲創新器也，猶昔者吾國人之欲研精八股，以得科第也。華盛頓之創新專利院，新制物凡十九萬五千也，地球新器盡在此。美之富強非有他，在此院矣，吾遊而驚之。吾鄉某生，當其未得一衿時，每日必作一文，而精神不足也，則每日必服藥一劑，病亦不改。如此者固不可勝數也。中國之得科第者，未必可得富也，不如美創制新器者之專利也。愛的森之創電燈、德律風（Telphone）也，一蹴而致富數千萬。然則吾國人寧不慕之而為之也？苟予以下手之地，則民得以自富，而國因以強焉。驅一國數千百萬之人士以昔之研求八股者以研求物質、工藝之學，其能製有新器者如得上第，如此而中國製造不與歐、美比，中國國勢不為大地冠者，吾不信也。實業學校、博物院多陳機器，此即昔制義之八股文，書院、書館之師生也。豈猶患其不能歟？

速開博物館（二）

各國工藝，上者皆製縮型，下者亦全藉於圖。若欲為工學而無型無圖，亦猶航海而在絕流斷港也。如土木學，則當備各國宮室、橋樑、市場、廠壘之型圖；郵政學，則當備各國郵政館之型圖；如為礦，則備各國礦山之型圖；若為農，則備各國農牧之型圖；若為鐵道，則備各國鐵道之型圖；若為船艦，則備各國船艦之型圖；若為槍砲，則備各國槍砲之型圖；若為紡織，則備各國織工、織廠之型圖；若為航海，則備各洋海之底質，及沙線漸流之型圖；若為醫，則備各國藥材之型圖；若治小林，則備各國木材之型圖；乃至為陶為樂，為服為玩，微技薄物，皆有其型與圖，皆有其學與師。如此者不可勝數，然後一見可識，不勞而能。此非一私人之力所能具也，國不為之，則民力不能辦，而欲開民力物質之學，亦猶緣木而求魚也。各國多立博物院，德柏林則每一業設一型圖館，尤為專而且博，故尤易致精也。

今宜每省開一型圖館，聚百國各業之型圖，大陳其間，以開民智，此萬無惜費之理也。惜小費開之則下種有源，既有父母，不患子孫之不眾多，其以富民而富國，大利不可言也。惜小費而不為，而惟事羅掘以償賠款，恐後之賠款無已，致土地人民既失，則有欲賠款而亦無之一日也。不為中國保存久遠之計，而為朝夕彌縫之策，是無兩日之遠圖，謀家且不可，謀國云乎哉！

自開型圖

夫物質若是之要且切也，而吾國人變法數年，大夢昏昏，舉國未知求之也，諸報未知呼籲之也，維新之志士未知奔走而成之也，政府未知講求之也。惟全國若狂，東奔西逐而已，或大呼革命、自由而已，所謂國皆失日也。

為政者或曰：「派遊學之要，開實業、職工之學，置博物、型圖之館，吾固所願也，其如財力不足何？方今外困於國債，內奪於兵餉，中困於興作，無事不欲舉，而無一能舉，則以無財故。」吾則以為政府與長吏不知其為救命之藥，而不為之耳，若信以為救命之藥，則豈暇顧哉？今以妄行妄戰之故，祝壽二萬萬餘，賠日本之餉，二萬三千萬餘，賠八國之款，加賠教案磅價費，五萬萬餘，若是八萬萬者，其從何出？若能以十分之一，八千萬兩為之，則有一萬萬一千圓，以之辦遊學，及開各實業、職工學，博物館，型圖館，以四年分用，每歲有三千萬圓，但以其息用之於學，人才已不可勝用矣，況有三千餘萬之歲費！吾知開自十年前，則今中國強於大地久矣，可令人賠八萬萬久矣。即自今圖之，五年之後富強可見。然而舍而不為，則後此瓜分之後，雖欲賠款而不可得，況興學乎！作而曰：吾欲云亡則亡矣，斃矣，如高麗、安南矣。不知政府及通人志士何擇為？

方今諸公歟，亦豈不欲發憤乎？無如之楚而北行，馬疾而愈遠也。夫當奇窮之時，用財尤不能不嗇，不擇而用之，與棄財同也。製百千萬槍砲、船艦而不精，則敗而資敵，其與未製同科，然喪資斧無數矣。故不動則已，動一事必較於萬國而欲其必勝，而後可為也。夫以擁萬里之地，撫四萬萬之民，而患貧，亦太無術也。夫理財之術極精且奧，誠非淺人所能知。吾愛國既急，亦不避罪嫌，而告之我國上下也。

然凡舉一事也，皆相牽連，不易其乙也，欲舉其甲而不可得也。夫成物質學者在理財，理財之本又在官制，官制之本在人民自治，先立鄉官，開省、府、縣、鄉之議院。能以公民自治，開省、府、州、縣、鄉之議院，而後以吾理財之法行之，則吾粵順德一大縣若理之可當一小國，歲可得數千萬。不見於丹墨乎？不見於德之漢堡乎？[2]一縣已如此，何況二千縣之大中國哉！不能行公民自治，開省、府、縣、鄉之議院，而欲理財，猶欲入而閉之門也。不能理財，則不能治物質學而經營海、陸軍，則不能立於競爭虎視之世，而中國將不可救。事勢迫極，豈能再從容有待乎？吾固不欲多言，哀我種族，憂極沉沉，不能忍此，不能不大聲而疾呼之也。理財吾別有理財新法一書[3]，然不行地方自治，省、府、縣、鄉開議

[2] 有為廢省論及理財救國論（均民國二年發表於不忍雜誌）中極讚西歐小國丹墨（丹麥）等，德國之小邦漢堡等理財之得法，物力之富厚。

[3] 理財新法，當即理財救國論；有為當在撰寫物質救國論時已準備此篇。

院，吾出此無謂，聊復闕其音以有待也。行之無序，則理財者害民而已，吾不敢有所言，以累吾民也。

《理財救國論》

一、緒言

共和以來四月矣，財政困絕，外人監理，舉國驚憂，棟折榱壞，同受傾壓。吾亦國民也，不復能恝然。數年前撰〈理財救國論〉，久未公布，今不能忍，擇切於今者告於國人，以備採擇。其下篇論租稅者續出焉[1]。南海康有為記。

〈理財救國論〉　南海康有為撰

晚清財政岌岌，藉外債以支歲計，遂致滅亡，所謂「四海困窮，天祿永終」也。自共和以來，承軍興之餘敝，國與民俱竭，庫藏無所入，各省擁兵索餉，否則告變，政府仰屋，惟藉外債，長吏不給祿，國體掃地。外人熟知其狀，乃行監理用財、遣兵之策；度支、出納，銀行團派人稽核，嚴格填注[2]。于是以堂堂萬里之大國，四萬萬之人民，為乞三百萬之款，

1 「下篇論租稅者」，未出。

2 民國元年二月，北京政府與英、美、法、德四國銀行團商洽大借款，初步議定許該團以政費墊款及政治大借款優先權，擬定該團首先墊交三百十萬兩。旋銀行團加入日、俄，遂為六國銀行團，五月中另提附加條件，內有銀行團及中國財政部各派委員一人審核借款內支出之用途，及南北各省裁軍用費編製表冊分交南方各都督、陸

而長官、軍帥俛首署名填注，奉令惟謹，其奇恥大辱，古今豈有此哉！

今國人動憂為埃及，夫埃及豈易比耶？如印度公司之監印度耳。昔印度革蒙古命後，各省自立，印度公司書記克壯飛（Clive）之取加拉吉打（Calcutta）也，哈士丁斯（Hastings）代之，乃借款與印度各邦而內間之，俟其兵敝頻乞餉而押以地，因漸而取恒河三十餘國，遂滅印度。雖然，印度猶文明國也。葡、班（Spain）、英、荷之取南洋巫來由（Malaya）諸王國及美、非諸野番也，皆由諸商以貨與銀餌之，既乃脅之，遂取其地。今吾國體掃地，威信皆墜，外人之視我國若何？且勿言其國家也，彼諸商熟之尤甚，視我如諸番，如乞丐，如沐猴，其輕賤已甚矣！

夫吾國如此，則監理之，猶可以不信言也。若勒退比款，自銀行團外禁不得借款也[3]，夫天下民間借款未有勒債主不得與它人借者，況又靳之哉！蓋熟視吾狀，可以生計困我，而不必以他策也。觀于餓莩乞丐而足蹴嗟來之，勒其聽我命令，禁其乞食他家，而後以薄糜飼之，而漸馴之，餓莩俛首奉命，慣受嗟蹴，以養生命，積久馴育之而不覺也。蓋雖有倔強之質性，迫於生命，雖有廉恥心與怒心，皆漸磨之而馴服矣。今我長官、軍帥之俛首引筆，

軍部、財政部及委員會各一份之項。此等條件經承認後，銀行團先後付給一千二百萬兩之墊款。有為稱「為三百萬之款」，當指上項三百十萬兩。

3 民國元年二月，北京政府向華比銀行先後商借兩項債款，合計一百二十五萬餘英鎊，分應南北兩京之用，許該行以承借債款之優先權，以一千萬鎊為限。旋四國銀行團大借款初步議定成立，該團乃對比國借款提出抗議。

謹受銀行商團之命，曰不得已也。然則與印度諸王、南洋諸酋之謹受銜勒時豈有異哉？既受商團之命惟謹，況於其赫然之大帥盛兵威以臨之乎？故一旦屬之而忘形也！嗚呼，監理已行矣！奇恥大辱，瀉西江之水已無可洗矣！

今吾國民舉國憤然，不受嗟蹴之食，而深慮埃及之禍，大倡國民之捐，可謂知恥矣。然司農仰屋，終不能以畫餅充索哺者之餓斃也，于是號於國民曰，能月得七百萬，則可免外債矣。雖然，當國民生命未蘇，百業未復之時，安能月捐七百萬？若行強迫，益易激變，于是議停國民捐。然則長吏、群帥俛首引筆，受命于銀行團，始終不能免也。于是朝野合議，畝捐、鹽捐搜及窮民，官、商、軍、民節縮祿餉。然果竭閭閻之力以奉軍政之需，則全國涸枯，生計盡絕，即能彌縫一時，暫免監理于今日，然國民永不復蘇，稅源大減，盜賊大起，後禍方長，恐終不免於借外債而監理更甚也。國民捐誠為好義知恥，然必不可恃也。況信用已虧，徒益一二私人之盜竊，而同捐者咸有憤心哉！

或議行公債，則「昭信股票」[4]與「愛國公債」[5]其前事可鑒矣。或議行三萬萬鈔幣，則何處得準備金以昭信而推行之？無準備金何能行鈔幣乎？或議發不兌紙幣乎，則今軍用票

4 光緒二十四年（一八九六）清政府為應付甲午戰爭對日本賠款發行「昭信股票」，定額一百萬兩，應寡之數甚少，至戊戌維新（一八九八）時停發。

5 辛亥革命爆發後清政府為挽殘局發行「愛國公債」，定額三千萬元，當時僅皇室以內帑租金認購一千萬元有零，北方幾省認購少許。此債後由民國政府承擔。

已逾數萬萬，外幣橫溢，再加不換紙幣，則硬貨盡流於外，全國賸一束紙而已，以何立國？且其流害滋大，各國乘急而收之，他日皆在外人手，吾之計畫將來何以收之？今聞軍債票已因減折，多為外銀行所收。甚有議五千萬萬彩票者。共和告成，百事不問，而冒開富籤之辱，尤為國民羞！

數者皆無可施，于是舉國旁皇躑躅，憂懼恐惶，而無所措手足矣。質其本末，則皆由不解理財故也。夫歐洲各小國，如荷蘭、比利時，僅當吾一二府地，人民四五百萬，國歲入逾二萬萬，小民生計攤勻人四百磅餘；如丹墨（Denmark）、那威（Norway），人口百餘萬耳，僅當吾一大縣，而亦財政雍容，歲入數千萬。德之漢堡市，地二十九里，人口未百萬，而歲入幾二萬萬[6]。是豈從天降地出者哉？蓋得理財之道耳。理財之道無他，善用銀行而已。

善用銀行者，無而能為有，虛而能為盈，約而能為泰。必有實金，而不以實金行，而善能以虛紙運。其行紙也，交互遞代，不以直而以曲，不以單而以複。夫紙者至賤，而出之無窮，行之有道，則國以富強，民以饒足。嗟乎！使前清得而用之，國可不亡，至今共和，國民困敝，而日仰借外債以延性命，猶不知理財，乞得實金，仍如舊法而直行用之，隨得立

6 有為在〈廢省論〉（與〈理財救國論〉同在《不忍》雜誌發表）中均力稱荷蘭、比利時。丹墨（丹麥）、那威（挪威）、漢堡等小國小邦理財之得法。

盡，又復乞借。夫以歲不足者三萬萬，軍債及舊紙幣約三萬萬，即不計紙票及銅元之淩亂，就借得六萬萬又復立盡也。今所借者合各省幾千萬萬矣，盡之久矣。或有知借債者宜用於生利之業，則以為鐵道、實業宜若可矣。然而於經國育民之大計尚無一文及之，是終無以為立國之本矣。而負債之金如是其巨，民何能負擔之？假令今者外人不索監理而見借此六萬萬也，適促吾國之亡而已。今因索監理得激國民之憤恥，而免茲重擔，俾緩危亡，或未始非不幸中之幸事耶？

雖然，有人有土此有財。安有以萬里之大國，四萬萬之人民，而患貧一至於此哉？無術甚矣！苟得理財之法，國計不患於困乏也，民生不憂其匱絕也。且以吾之廣土眾民，土產博而傭工薄，四者皆萬國無有，苟得其道而善用之，一年而規模立，三年而成效著，五年而國計民生裕，十年而富力無敵于天下矣！

二、理財綱領

夫所謂理財之道者，妙用銀行以為樞，通流至虛之紙幣、公債以為用，搜藏至實之金銀以為備，鑄行劃一之金幣以為符而已。

夫古者理財用實金則有限，今之理財者善用虛金則無窮。然而以虛為虛，無所麗則不能行，行必依于實。以實為實，無所拓則不能滋，故必運于虛。故無實不立，無虛不行。實者陽也，一也，守藏其一，惟恐不實。虛者陰也，偶也，兩闔闢而相除，惟恐不虛。一者金質也，偶者其紙幣與公債乎？以一為體，以二為用。一則主守而不動，二則手足行持，互濟而無窮。一可生二，而由于一，合二為一，凡三而千萬生焉。故得一而存，得二而化。國為法人耶，託國庫于銀行，金銀塊其形，而紙幣為其影也。影可大于形，公債者其拓影也。而銀行為之神。銀行以金為本，作其準備，而發紙幣焉。國家以公債票與之銀行，而銀行以紙幣與之國家，而買公債。銀行得公債，以作紙幣之保證準備，可出紙而易實金焉。然而國家之國庫即在銀行，則金塊在銀行，支用紙幣亦在銀行。故銀行之與國家是一是二，如身、形、神之異而不相離，乃以運轉於無窮，而大生廣生焉。苟能善是，以紙幣代金幣，不憂其不行。改金主幣以收銀幣，不憂不能一。視公債如貯金，不憂其不能消。凡今昔病民之銅元、軍債票不患其不能廓清也。苟能善是，則術同點金，無而為有，虛而為盈，約而為泰，裕國富民，文明安樂矣。

三、銀行制度商榷

第一妙用銀行為樞也。入其國焉，銀行得法，盛大繁多，其國之富實可知也。入其國焉，銀行無法，寡少枯槁，其國之貧乏可知也。行於中國、突厥（Turkey）之都鄙，哀其貧弱，則銀行無法而寡少枯槁乎？雖然，銀行有道，有專獨之國家銀行焉，有分立之國民銀行焉。歐洲各國皆以國家銀行為理財之母，紙幣聽其發行，公債付其銷售，以操全國金融之高下多寡而調劑之，一切統焉，國家之國庫託焉。收支者付銀行，其有不足亦惟銀行是資。昔法大敗于普，償款十五萬萬佛郎，三年而畢，則國家銀行之力也。惟美則無國家銀行，先是有州立銀行，聽自出紙幣，故濫發有至九倍者，此如吾今之銀號、錢庄矣。今墨西哥猶行州立銀行法，限以出三倍紙幣。及一八六三年美南北戰時，軍餉缺乏，乃發公債三萬萬圓，令全國民間銀行各以資本三之一買公債票，國家許其出紙幣，至一八九〇年減為四之一，號為國立銀行。日本初未有國家銀行，亦師美制，明治五年發行國民銀行，令民間開銀行者納資本銀十之八以買公債票，許其如數出紙幣。至明治十九年，開國家銀行，乃罷國民銀行焉。

夫以國家銀行能操全國之金融多寡高下而調和之，上之資國，下之濟民，中之對外，無一不宜。歐土各國土地無兩日之程，呼吸靈便，故各國從之，學者莫不主其說，為理之極軌也。惟吾中國，固當立國家銀行，惟地大比全歐，而道路未開，交通阻滯，路隔數月，欲以一銀行調和潤膩于一千五百縣之中，又有餘力及于蒙、藏，必無能行者也。故專主歐制，但立一國家銀行者，中國未可也。然則如之何？

美之國民銀行能令全國之民發育增長，各適其宜，施之中國，地大相若，最為合宜。且吾交通不便遠過於美，故各省、府、縣、市自古以來各有銀號、錢庄，各自發達，各自出鈔，以應其地之所需，蓋已闇合美之國民銀行之制矣。但國無公債票，無期票，無股票及公司股票以為保證準備，以增長發育之，又政府純行放任，絕不檢制，不責準備，聽其濫出紙幣，致多倒撻，所以不如美也。惟美之為制則財權散而不聚，全國金融之高下多寡孰宜莫能知而操縱之，故對內外皆不得宜，以累致銀行大倒閉之禍，亦其一因也。故專用美制，但行國民銀行者，亦于中國未可也。然則如之何？

今于是合鑄歐、美之制，上有中央銀行以總提其綱，下有國民銀行以散布其力，則庶乎兩不失耶？雖然，吾國道路未闢，交通阻塞，滇、黔、桂之通京師動踰數月，已極險遠，何況新疆、蒙、藏乎？銀行之為用以便民也，周轉貿易之需要朝夕不同，豈能踰數月之久，以待國家銀行之接濟于京師乎？必無濟也。然則但立國家銀行與國民銀行，亦未見其可也。然則如之何？

假令依美國州立銀行之制而設省立銀行，流弊固然也。然且吾國鐵道未通，每省邊縣道路相距自十餘日以至彌月，貿易需要朝夕不同，欲隔此彌月或十餘日待于省立銀行，亦無濟也。恐濟款到而物價已易，款已無用，及其須款時又無從得之。故我國凡百之治難以歐、美例之，誠以國太大而道路不通之故，金融亦其一大事也。然則如之何？

且就以中央銀行言之，歐土各國皆因民之資本為之，亦有國與民並出資本者，惟俄與瑞典純為國有銀行。今為民國，無用國有銀行之理。然國有銀行，或專橫逞暴，或為國財牽動，信用隳虧，足以危國，不如因用民立，已為公理矣。前時大清銀行辦理乖謬，既非國家銀行之體，股本又已大虧。今若專藉民間銀行改為國家銀行，則資本皆小，無一足當之者。今即謂國與民並出資本以為銀行，而政府羅掘既窮，庫款不過數萬，何所得數千萬而充國家銀行之資本乎？待之借外耶？則監理如此，是使吾國家銀行日受外人之稽核監理也。非徒受辱，更無此理矣。待之民間認充股份耶？則司農仰屋，日月待斃，所得借款、捐款立即支盡矣。四民失業，何時能得股份之充並與國庫之撥來乎？然則中央之國家銀行也，今眾人漸知其要，從此辦理，或不如前大清銀行之胡行妄走。然欲此國家銀行之立現于前，不知至何歲何月始能眼前突兀見此屋也，亦不過畫餅充飢而已。中國今日危困極矣，前朝因此亡矣。財源之本不早定，何能久延歲月于亂世乎！然則如之何？

以吾竊計之，上用歐土中央國家銀行之制，以總紙幣之樞于內；副以比利時、日本正金銀行之法，以平通滙兌借外債于外；下用美國民銀行之制，以集資本而行公債；中用加拿大組合銀行之制，以通信用于國與民，用英蘇格蘭，德聯邦，臺灣、朝鮮特權銀行之制，許發紙幣特權以發邊遠之富源；行德、法、瑞典勸業、興業銀行，許募公債以助人民之資本；用各國股票交易所之制，而增商運之流通：融歐、美、加、日之法為一爐而冶之，以適于中國廣土之宜，以畀我國民富源之計，合全國而統籌，創特制而利用，周浹完備，其在斯乎？

四、先行國民銀行

何以先行國民銀行也？凡各國發行紙幣之權皆由國家操之。其聽民間銀行發行者，必經財政部之許可與通貨監督官之畫押，與銀行總理之簽名，然後能行。若我國之銀號、錢庄各自發行紙幣，任其自由，上無國家之監核，中無現金之準備，下無人名之畫押，一旦倒閉，無可追償。昔英倫、蘇格蘭百年前銀行破產亦由此，而後禁改。今吾近年銀號、錢庄倒閉多，銀根緊，商務益凋，民不信用，于是殷富多放資于外國銀行，而全國空虛。若軍興後，人皆避地，託庇于外人，放資於外國銀行者聞五六萬萬，尚不計也。夫金融者國民之生命，國家萬不能不監核而操其大權。若放任自由，一難收拾，二難綜核，則國與民同血枯而倒斃矣。是謂有國民銀行，而無國家銀行。

國民銀行者美創之，日人譯為國立銀行。美國當南、北戰時，軍需每日百萬，餉源乏絕，乃令全國銀行各出其資本三之一買公債票，有公債票者許發行紙幣。其為義也，如銀行倒閉者，有國家貯公債款以相償也，則民信昭而銀行固矣，一也；全國銀行之數與其資本、紙幣藉以知悉，二也；已領公債之銀行者，其有準備金及積金、存款、銀則、期票為保證準備者許發二成至七成之紙幣，則銀行之通貨可增，而民間之資本流通饒富矣，三也；若其國用乏絕，得以濟急，四也。國與民交利，美名曰國立銀行。日本明治五年效美制，其銀行條例，出其資本十之八買公債，而許其發行紙幣、公債，更有五釐息，故國人爭購之，日人名為國民銀行。

今吾國紙幣無從監核，而多倒閉如此，國用乏絕，其乞丐於外，受人監理如彼。公債可發，然民久不信，而誰買之？中央銀行最要矣，關全國金融之命，得其宜則全國生，不得之則全國死。今欲招股，將安從出？民久不信，而誰入股？即激以大義，勢同捐捨，又安得多數乎？若待之國民捐耶？勢太散漫，零星難集，而當大亂後，兵民困弊至極，絞其身家，刮其脂膏，減其俸餉，即果集得，尚慮竭澤而漁，大傷元氣。孰若求之銀行之為得耶？以較貧富，則合計國民，莫富于銀行。舍富而求于貧者，法尤不善。即謂軍興後銀行減色，其財力究勝于四民。國家不藉銀行之力而何藉耶？若謂強迫，則美，日行之，既可如數而出紙幣，又得公債之息，無絲毫之虧，而有溢息之利，銀行莫不樂行。然則今日救急之圖，莫如立行美、日國民銀行之制矣。

美、日國民銀行只限買公債，吾則兼進一義，令其充中央銀行股本焉。今請令全國銀行、銀號、錢庄照其資本納其四分之一之數，以買公債票；納其資本積金二十之一之數，以充中央銀行股本。其不願充中央資本者，須買公債十之三，其有公積金則倍之。其當押、金銀店納其資本四十之一，以充中央銀行股本，積金倍之同。

凡銀行領有公債者，許出紙幣如其數。領有中央股本者，皆可為保證準備，可出紙幣，亦可轉售之。其有積立金銀、則紙、期票，俟組合銀行成後，皆可作為保證準備，出紙幣若干成，如美十之一，或百之二五。其有虧閉者，國家為填若干成，俾人信用。其不領公債票者，不得發行紙幣。倒債者，法官不受告。其舊私發紙幣，定期一律禁行。

吾國各地皆有錢業公所、匯業公所、或銀行會館，否則當行會館。一電令其集議繳款，公債則分三月買畢。中央股本則以十日為上期，二十日為中期，一月為下期繳足，蓋一月而數千萬之大款立集，中央銀行股本立興矣。其無公所之地，有司與局紳分別告之，一月亦可繳足矣。各銀行分二十之一以充中央銀行資本，中央銀行成立，即能出紙幣，而操全國金融高下之權。各銀行遠之可分多數之溢利，近之可得資本之流通，一也。其中央銀行資本之股票與其公債，可為保證準備，而可出紙幣，可押可售，是有大利而無少損，二也。出資金買公債，即可自出紙幣，是取之內府而藏之外府，幾與未出一文同，而可坐得實股，尤為大利，三也。夫國家得公債款，即可用為中央銀行之資本，何必強各銀行出二十之一以為本乎？此不獨非強迫而已，實欲使全國之銀行與中央銀行呼吸靈通，關係深切，中央銀行溢利即各銀行之溢利，則其助中央銀行者倍切，情以深於愛國，利亦厚于為己，言私其豵，獻肩于公，公私兩利，豈非法之最良乎？夫民國者民之公國也，銀行資本家者民之富民也，選才民以共治，辦國會，合富民以共辦國家銀行，共負擔之，同其憂戚，豈非義之至耶？四也。

且中央銀行有出紙幣之權，而苦于無準備之現金，不能昭中外之信用，故令中央銀行以搜蓄現金為第一要義。所以特令各銀行預中央銀行之股本二十之一者，欲其助中央銀行之搜現金也。雖今者國人現金放於外國銀行數萬萬，內地現金蓋極少矣，然惟其極少，則搜出愈難，惟銀行或略存焉。蓋近者銀行滙兌不通，返能稍保現銀也。次則當押、金銀店略存焉。庶可以易搜現金。且二十取一，亦可以覘全國銀行之資本若干，又可考現金若干，以漸為搜藏之地，舍此無他術矣。所以並當押、金銀店而並令其預股也。故國民銀行之法以救今日之困急，國與民交利未有逾此。國家得公債款後之大用，別見他篇。

五、立中央國家銀行

何以必立中央國家銀行也？國家銀行實為一切銀行之母，為銀行之銀行，操縱一國金融之權，而發行紙幣，託以國庫，國用不足則助之，以吾國之廣土眾民，應定股本額為一萬萬兩，以大昭信用。其銀行部只與上中級之組合銀行及銀行之大者交接，由各省大市組合銀行公舉人為董事，就中舉通銀行學者為總理、副總理，國家但派監督為稽核指導而已。如此則合全國之銀行為一大銀行，聯其關係，合力既大，信用益昭，無所為而不可矣。

查日本國家銀行初立時，資本不過一千萬，今亦不過三千萬。以吾全國資本積金二十之一及當押、金銀店資本四十之一，組合銀行資本十分之二，或與舊大清銀行之資本併合通商、交通銀行之資本計之，必可得數千萬。不足則撥公債所入，國民捐所得，與武昌所借三千萬[1]為之。又不足，則各省鹽、茶與各公司皆宜令入股四十之一，此皆富商，不為厲也，勝于國民捐遠矣。事實既立，再招散股數千萬。吾既有各省、府、縣、鄉之組合銀行，陸續

1 武昌所借三千萬，當指民國元年十月湖北總督黎元洪與美國商大來洋行所訂三百五十萬鎊借款，惟此款未借成。

招足，則萬萬之大銀行不難致也。以此昭信于中外，則理財之大基本立矣。即一時不能速得萬萬，凡銀行定額，多收半數，但得半數五千萬兩，倍于日本國家銀行，已為東亞第一大銀行矣。然無論如何，必以招足一萬萬兩為度，以比英倫銀行之資本一千四百萬磅，竭力保藏，分毫不動，而後發行紙幣，則足以昭大信于天下。規模既定，然後金融高下之權，借債還債之事，乃可自操，而收挽利權焉。

查各國銀行在中國者資本、積金、準備亦非極大，但吾無國家大銀行以收金融之權耳。今列如下，以資比較。

銀行名稱	外國銀行資本金	公積金	準備金
滙豐	10,000,000圓	19,000,000	金1,000萬圓 銀950萬圓
麥加利	800,000磅	970,000	金2,825,719 現銀338,635磅
華俄	15,000,000盧布	8,224,838	現地金19,000,000
正金	21,000,000元	9,720,000	
德華	5,625,000兩	1,294,874元	3,757,271兩
華比	15,000,000法郎	1,393,859	670,000
滙理	6,000,000圓	11,307,894	
花旗	650,000磅		4,674,139
有利	562,500磅	135,000磅	767,669磅
荷蘭	45,000,000佛羅鍊士	5,000,000	11,013,233
寶信	4,000,000磅	1,100,000磅	

六、國家銀行急須行四事

國家大銀行既立，則有相須而成者四事即當舉行，不可遲，不可缺者也：

一曰稍借外債以資挹注；

二曰發行紙幣與公債，以廣流通而資保證；

三曰鑄行金主幣，收回舊銀幣、紙幣、銅元，以劃一幣紙；

四曰大搜購金銀，以益厚現款準備。

借外債

何以仍借外債也？夫借外債而辦不生利之事，則一金亦不可也。即以辦交通生利之實業，猶不可也，以實業之盈虧難定也。若借外債以辦國家銀行，但保守之，以為準備，則愈多愈妙，雖十萬萬亦可也。

吾國金融，枯涸已極，國與民皆無母財以為興百業之本，則一切不能舉行也。且外貨輸入，歲超出額七千萬，而賠款、償息歲五千餘萬，是一歲之漏巵合共一萬二千餘萬。紙幣不能行于外，則國家銀行雖有一萬萬之準備金，亦一年而金盡耳。幸賴華僑之商于外者歲匯歸數千萬，可少塞尾閭。又各省歲中紛紛借外，與外人之攜本來經商者，得相彌補。然苟不借外，則尾閭立洩，而國家銀行之準備金即流出于外，豈不極危？故必謂外債不可借者，亦不然也。但方今中央大銀行未立，外人不信，致行監督，則奇辱大險，不可借耳。

若中央國家大銀行成立有萬萬之資本，則外人漸信，于是照各國例由銀行借債二萬萬，以一萬萬存外國銀行，以備匯尾不足之抵兌，不必國家代謀。若仍不足信用而須擔保物，則不得已，國家出保物擔之，亦必無監理之辱矣。若六國銀行團仍過需索，則銀行團之外英、美、法、比銀行尚多，不患不能借此二萬萬。因有一萬萬存于歐、美銀行外，實不過借一萬萬。夫以武昌一隅，尚可借三千萬，安有全國之力，而不能借此一萬萬乎？今但英、比銀行已能借，故監理可不必再慮，而二萬萬必可借得。

有此二萬萬之外資，即以中央銀行名一萬萬存于歐、美銀行。尚有一萬萬流通于國內，加固有之資本一萬萬，合共三萬萬兩實金。比照圓數，已是四萬萬四千萬圓矣。日本今存實金，尚不過二萬萬一千七百萬。明治三十一年勝我，易金主幣時，正金亦不過八千九百萬。越十年，至明治三十九年，正金亦不過一萬四千七百萬。今我國民貧甚，程度不及日本之半，而吾準備金已三四倍于日本，變金主幣之時且幾倍于今日本存款，則亦足以昭信矣。于是一面搜藏金銀以厚儲蓄，一面行公債紙幣以裕流通。財源漸裕，信用更厚，規模宏整後，明後年尚可再歲借二三萬萬，儲之中央銀行，以益厚準備，則長袖善舞，母財益豐，紙幣益可稍多出，國家可興大工，拓鐵路，辦輪船，民間益可大增資本，興辦一切實業，而租稅亦日漸增裕，公私不復憂貧，此則成效大著矣。（下篇另詳。）

所借二萬萬何以必分一萬萬存之歐、美銀行也？吾國方憂枯涸，借得之金不以潤澤吾國民，反存之外國何為乎？然此實不得已也。吾國貨歲出不逮外國歲入者七千萬，又有外債之息五千餘萬，合一萬萬二千餘萬，前既詳之。若無大款存于外國銀行，則一切匯兌外人不吾信也。而商務難，且歲必劃匯數千萬流于外，則國庫之保守難。新鑄之金幣與實金皆將流于外，而內國日空虛矣。昔日本患之，故得吾償款，以一萬萬存于倫敦銀行，至今猶未提還，故商務見信而財政日裕以此也。阿根廷、墨西哥、暹羅亦行此法。吾今欲取信于外人，舍存款歐、美銀行，其道無由矣。然則一萬萬可乎？曰，可矣。蓋吾國雖應虧于外一萬萬二千萬，而非用現款也，皆由各銀行匯單之匯劃，自華僑匯還款數千萬外，又有借款及外國之人經商者，其應輸出無幾。若歲借大款，則有餘溢，但存一萬萬于外，常足供灌輸而昭信用矣。

故借二萬萬，而存一萬萬于外，存一萬萬于內，可以運轉裕如，亦不須為六萬萬之大借債矣。以方今極貧之時，外人不信，非聽其監理，必不可得，即聽監理而允借六萬萬，亦非即交也，必分以數年乃能交訖。然則以吾之策，待之銀行財政完整後，至明後年乃歲借二三萬萬，其收款之時一也。既得信用，後乃與借，可免監理之辱險，且雖欲多借至十萬萬，亦所必得。然則今赤貧時，何事大借六萬萬之巨款，以令外人適適驚，而多行其輕疑，以召監理之辱哉？無論如今政府所云以還軍債，遣軍隊，填今歲之虧三萬萬餘，則此六萬萬將立盡矣。今吾國民永永負擔此浪費之六萬萬巨債，則將何以還之？是真使吾國永遠沉淪也。即為統籌全局，為一勞永逸之計，亦無須一時借此巨款，以召外人之驚疑脅制也。又借外款，必當以金之磅計，勿以銀之兩、圓計，免外人得起落之，致受大虧。且今茲借款，圖為準備，尤為改鑄金幣計，必當借金而勿借銀，故必宜以磅計也。若又借銀，則非借外債之意矣。

公債與紙幣並發

何以必行公債與紙幣並發也？凡人情于日用藏挾之品，常不欲用重者而欲輕。故用皮、貝，用米、絹之物不如用五金，用鐵不如用銅，用銅不如用銀，用銀不如用金，而用實金不如用紙。古之負擔而趨者今皆易以一紙之匯兌，人皆樂用之。故以紙幣代實金，攜藏至便，人所共願，一也。二可免磨損。英倫鑄幣，自一八九三年三月至一八九七年九月，三年間共鑄十三萬四千二百九十五安士（Ounce），凡損失五十二萬二千九百〇十磅。即英倫銀行，每年金錢磨損百萬元。故不如印紙代之，免此巨損，二也。三大增資本利息。考歐洲一八九八年全歐金幣八十一億八千二百萬法郎，照今十月十五日時價，每三佛郎七一折吾一兩，則全歐現金不過二十二萬萬零五百三十八萬五千四百兩有奇。美國金幣三六六二三六一二〇圓，折吾五萬萬二千八百七十萬兩。日本正貨二萬萬一千七百萬圓，折吾一萬萬五千五百六十九十七兩五。共二十八萬萬八千九百七十八萬二千九百兩五，照十月十五日上海龍洋七錢四分八七五計，凡三十三萬萬九千一百五十一元有奇。全地現金只此。即統計紙幣百四十六億六千八百萬，折吾銀三十九萬萬五千三百五十兩，折五十二萬萬八千四百三十零元有奇，連美國紙幣一萬萬六千四百六十一萬九千四百八十一元與日本紙幣三萬萬，又加多國，全地尚不及六十萬萬元也，近今或增。然有欲借六十萬萬元于外者，奈萬國合無此數何[1]！

全歐紙幣百四十六萬萬六千八百萬法郎，比正貨溢額六十五萬萬法郎，以增資本生產之流通，即計利息，匀算三釐，亦多溢七千萬圓也。故省金銀之用而大增國民本息，三也。若貸附圓滑，則紙、赤紙流通便利，可增存放滙寄之信用，以便商務活潑，四也。現金有限，不足則市恐慌，有紙幣可隨時增發，以應市需，則可救市急，五也。故紙幣之體本同存款，而其用則富伸縮之彈力性，若其大利則似架空車道也。

1 「有欲借六十萬萬元於外者」，蓋指民國元年孫中山先生倡議借款六十萬萬元築全國鐵路而言。有為以為「奈萬國合無此數何」，是對於國際投資之可能性尚無認識。事實上在一九〇三年美國摩根（J. P. Morgan）已表示可籌五十萬萬元，包修中國鐵路。

吾唐、宋之飛錢、交子、會子、鈔票在萬國之先矣，所患者有虛紙而全無實金以為準備，則民不信用，而價必日下。今之行紙幣皆然。宋、元之季，以亡其國。英、蘇[2]破產為此。故後以為戒，必有法律限制之。若有準備，則便國便民，實為莫大之利用矣。夫紙幣準備實應足額，一以備換，二以同價，三以信用。惟考各國銀行之恆例，大率取現金者三之一，或百之四十，以是又生保證物以廣準備之法，以增資本，又為架空車道之鑿地車道矣。

故銀行必須常準備三之一現款，或百之四十，以供存款之提還。其三之二，或百之六十，則有公債票、股份票、一切公司票、商業期票、借單，以為保證準備，足昭大信可矣。大總保證之物凡二十六種，期票為上，公債次之。若公司票，各國或用或多不用，惟俄則由國家銀行擔保之，而後行。蓋欲廣保證而增資本，不得已也。故各國之國家銀行必定紙幣額，以三倍于準備金為至多，如德、比、荷、班是也。奧、匈則限百之四十，法則無定，英略不至倍，皆以保證準備充之。德則于三倍外行屈伸制限法，以市價時有要需，許其多出紙幣，而課五釐之稅，日本亦然，最為良法矣。蓋準備正金一，而出紙幣一，固出紙幣之原理也。然人間實金既不可多得，而民間母財不可不裕之，以人情樂用紙幣，而不多索現金也，故可多出虛金之紙幣也。

2 英、蘇，指英格蘭銀行及蘇格蘭銀行。

然紙幣以代實金者也，無實金則紙幣無所附麗，則同于廢紙而不能行。故以公債票、股票、公司票、商業期票，借票等抵押之，雖非實金，而其本原自實金來也。惟時價有高下，故不能以實金計，而低折其值，為數成之保證，亦得充準備焉。若必須現金時，亦可低折而得現金，故謂為保證準備。創此法者，先自英倫，而後漸擴充變化之，以廣交通之母財，實為出紙幣之至良法也。吾國極困窮，欲增母財，欲足國用，而數十年來理財者虛言撙節，只行硬幣之舊法，不爾則妄慕新式，亂行無準備之紙幣，而不知立保證準備法，以廣交通之母財，此所以財政日困，幣制日紊也。

雖然吾國今欲行保證準備，以廣民間之母財，與足國用，亦不可得也。吾國公司極少，又乏信用，股票皆未流通，國家又無公債，商業期票法亦未大行，然則吾國銀行惟有借單、契據可以為保證準備，此外無有可保證者。而紙幣至濫，亦必須依有保證乃能行之。然則吾欲多發一紙幣而不可得也。若如今所濫發者，絕無準備，實是不換紙幣矣。近之則鈔價必落，落而不收，必至如元末之一鈔值三錢矣。遠之則資外人以大發紙幣而收我實金，積久則全國空虛，國庫只餘一束紙而已。豈不極危哉？則由未識行公債法故也。不行公債法，則民間母財無從而裕，保證準備無得而行矣，不徒為國用計也。

各國以公債為國民蓄積之大利，而競獎行之。英為最先，一八八□年凡三十九萬萬磅。法公債當與普戰後至九十萬萬佛郎。蓋人民以財產之重，信個人不如信國家也。人挾公債，得以抵押流通，而又有利息也。若銀行則尤賴公債為保證準備，可以多出鈔幣，其事尤要。此所以大流行也。吾國未獎導銀行，未知公債抵押之信用且可為多出紙幣保證準備之必要，則公債實為無用物也。而徒以公債強民，若「昭信股票」則且並本而乾沒之，是同于強迫民捐，安得不望而生畏也。

今欲多出紙幣以裕母財而足國用，非有保證準備不可。欲行保證準備，非有公債不可。欲行公債，則有道焉，非強民為之也。如前說用美、日之法，令國民銀行出其資本十之若干，以買公債票，而許其自出紙幣行用，則彼銀行未有絲毫之虧也，而有邱山之益，則公債可以立消流矣，且爭購之而不勞強迫矣。行公債愈多，則國民母財愈足，而銀行之保證準備立矣。（一國之消公債亦有合宜之中數多，則價低，此為今日言之，勿泥也。）國用自從之而足，不待言矣。今人皆仰望于外債六萬萬，吾謂不如望之內債五萬萬也。行吾法則內債易集矣。

今請發公債票，以五萬萬兩為額，年息五釐，以無期償還法行之。夫吾國人聞無期償還法，或驚疑而卻步焉。然公債者，以備國民流通，而非為永藏者也。若如中國民間借債舊法，不能流通抵押轉售者，則必須早早償還宜矣。公債如不能流通抵押轉售者，則公債為無用之物，不能大行于國民之間，而各國不競行之矣。甚至若英、美焉，欲還與國民，而民不願者，何哉？公債者日月流通轉售，非永在一人之手，其須款也，則抵押轉售于銀行，其高下皆有市價之一定焉，故國家之償還與不償還同耳。皆于個人之藏公債者無預也。國家雖不即償，而國家銀行遇公債大低時亦復收而高漲之，故不患其太低。故公債者同于市面之實金，國民公共之物，何須償之？若償還之，則市面少此金額之流通，國民之生計反減矣。但為國家理財者或慮納息太重，故欲償之，而減輕國家之負擔，然尚須量市面之金額足否。必勿使金額不足，擾及市面，乃可償之。不然以英、美之富，而欠公債數千萬萬何為者？豈其力不足哉？夫亦可思其故矣。

五萬萬公債票，不勞國家之自發也。交之國家銀行，聽其發售，國家銀行既有此五萬萬之公債票為保證準備，即可出五萬萬紙幣以繳交國家。然國庫即託在國家銀行，一切支發亦在銀行任之。故語其名也，銀行買國家五萬萬之公債而償國家以五萬萬紙幣也。語其實，則公債、紙幣皆仍在銀行，自為流通。國家即銀行，銀行即國家也，但數部另為戶口而已。就其數而驚之，則國家憑空發五萬萬公債之多也，銀行能憑空繳五萬萬紙幣之多也。就其實而核之，則國家與銀行，皆以紙易紙而已。但以紙易紙，而委曲重疊其法，國家即憑空得五萬萬之用，銀行即憑空得五萬萬之保證準備，民間憑空多得五萬萬之母財以供運轉流通，于國與民皆得無量大利，豈不異哉！則公債之妙用為之，以一舉而三善備焉。然非有穩固信用之大銀行，則紙幣不能信用，公債不能銷售，亦無當也。故須有萬萬之資本，三萬萬之準備金，而後發此五萬萬之公債，乃能信用而推行焉。故本末相資，首尾相應，內外完具，然後收此大用、歐士各國之小國寡民而能足國計以裕民生，或大國敗後補其衰敝，振其困絕者，悉用此法也。俄之槐脫（Witte）[3]，奧之布黎士的（Brestel）[4]，意之盧薩志（Luzzatti）[5]是矣。

夫公債之有用如此，何不更多發乎？則當量民力而為之。國民初消公債，未能驟多，他日必可更多，今則尚未能一旦銷售此五萬萬之多也。俟其盡銷後，再發公債未遲也。且亦當少留餘地，以與民間之股票及公司票發達，以為保證準備也。

若今國家銀行未成立，則公債票自政府分交各省、縣，發與各銀行買受可也。前議每銀行納資本四之一者，以民信未孚，又未能通例意，故照美新例至少者行之。若日本例，初定納資本十之六，後改定納資本十之八，他日見利，國民信用，亦可照日本例十之六或十之八行之也。日本行之，而國民皆喜躍而得利。吾國初辦，或納資本十之五亦可也。

今吾國理財，統籌全局應用金額若干，紙幣若干，準備現金與補助幣若干，此最難定矣。歐、美與吾太不類，請以至近之日本比例而議倣之。日本近者財政發達，與我國今情相隔亦遠，請以日本明治三十年初改金主幣時比例議倣之。其時正金準備九千八百二十六萬一

3 俄之槐脫（Witte）
4 布黎士的，Rudolf Brestel，
5 盧薩志，Luizi Luzzatti（1841-1927），義大利

千四百七十三圓，日本人口四千二百七十萬八千二百六十四，發行紙幣二萬萬二千六百二十二萬九千〇五十八圓。是時盡收大銀圓，其新舊小銀圓值三千九百六十五萬六千四百二十圓，銅錢值一百三十五萬圓。每人均計，用主幣二元半弱，用輔幣一圓弱。合計人用硬幣三元半弱，用紙幣五元弱。若以吾人口十倍日本推之，則吾紙幣應發至十五萬萬，主幣準備應存至十萬萬元，若七萬萬兩，通行硬幣應至四萬萬元，若三萬萬兩，乃可。

各國用補助幣，多寡不一。大約富國多用，貧國少用，英六圓，德國四圓，法國三圓，而俄與日本、希臘不及一圓。惟班用至五圓，葡用至三圓，此為變例。我民生計程度不及日本，我今亂後尤貧。或謂吾國人口不過二萬萬六千萬，亂後飢寒水旱，死者無數，今半計之，依其明治三十年幣制暫加五倍，以應時需，則現金準備至少應有三萬萬四千萬兩，紙幣應有八萬萬兩，每人均二兩計也。補助幣應二萬萬兩，每人均計半兩也。合共十三萬萬四千萬兩。試先行之，若其不足，乃再倣加。至是購收現金更多，或可多借助外債，則增出紙幣可也。既大用紙幣後，人情共信，輔幣可日減，不必增鑄。即必需之，是時銀行呼吸靈通，欲增輔幣與紙幣至易為力矣。

惟日本三十三年準備金減至六千七百萬，三十四年，亦減準備金至七千一百萬。即三十七年，準備金亦減至八千三百萬，紙幣增至二萬萬八千六百萬。蓋其保證準備多故也。吾今發八萬萬之紙幣，以五萬萬公債為保證準備，以三萬萬為正金準備，必不可少矣。

今即定以三萬萬為準備金。銀行資本一萬萬，外債二萬萬，共三萬萬計，以八萬萬為紙幣額，以二萬萬為補助幣額，共流通之幣以十萬萬兩計，大約不能少於此矣。法國敗於普後，禁行實金，惟用紙幣。西班牙於非利賓（Philipines）敗後，其馬德里京亦禁行實金，惟用紙幣。暹羅改行金主幣，亦禁行現金，而用紙幣。今日本亦幾同之。此各國之成例也。吾今經軍興後，可據此例而行之。其於實金，則國家搜購之，而禁民間之通用，務保全之，勿使輕易外溢。但以紙幣通行，惟輔幣可用銀、銅之硬幣。而裒多益寡，國家銀行以時操縱而損益之。國家銀行發行此八萬萬紙幣，先以五萬萬繳交政府買公債票，亦非即交也。政府需用時，隨時支之可也。

吾國舊幣之亂甚矣，非盡收之，即有銀行，不能理財。政府所先著手者莫如劃一幣制矣。凡全國舊發之紙幣，舊鑄之銀圓銅元，應限期一律收回，先提四萬萬兩收回舊幣焉。聞銅元舊值三萬萬元，舊銀未知實數。惟舊部稱大圓四千餘萬，小圓一千四百兆，外幣八千餘萬，今亂後流於外，必不及此數。其紙幣之數雖難知，舊時各省多自發，但東三省已三千萬。今政府謂軍興以來，軍債已三萬萬，然實計之，亦不過數千萬。合此兩數，以一萬萬兩之紙幣易之，大校可盡。若銅元易回，雖有大虧，然銅質即可再鑄。若銀圓購回，即可為準備金。各國易行金紙時，銀幣多漸不用，鑄二萬萬兩之輔幣行之，度無不足矣。

政府既有借款一萬萬兩，一面趕鑄新金幣，趕印紙幣，皆以兩計，幣成，發於全國銀行行之，即通禁舊幣。凡舊銀幣、紙幣、銅幣既禁而不用，自易收回。計近之大都市中一月易畢，遠省窮鄉三月皆易畢。銀圓鎔為塊，除再鑄補幣外，以供準備之用，合北方銀錠計之，當可多得若干萬萬為準備金矣。然則政府以四萬萬紙幣舉舊時銀幣、銅元、紙幣皆可盡收，令數十年積弊一旦摧陷廓清，比於武事矣。除收舊幣為以紙易紙外，餘且可為鑄新幣及準備之大用矣。且行兩數之幣，則舊圓數之幣皆無可用，勢不能不盡數繳易。是於收全國現金，尤為幣絕風清，網羅畢舉矣。

夫吾國所最難者現金也。今行兩數之制，則可將舊幣全收，幣制永定，準備增多，信用昭著，豈非善之又善者乎？此四萬萬紙幣除以易紙幣之無用，墊銅元之大虧，及墊銀幣之微虧，與改鑄銀銅各幣費，粗舉大略，作為去二萬萬外，尚餘二萬萬，以此二萬萬為勸業、興業銀行之資本及購債票，餘一萬萬充政府之用，則公債、紙幣之子孫千億矣。

政府今所宣告，謂今歲國用不足凡三萬萬有奇。財政長布告，亦謂不足二萬萬八千餘。故全國震驚，外人益疑而相難。然實核之，則未然也。蓋執政在行路中，事忙無暇細核也。查前清預算支數多謬，所開海軍一萬萬徒供親貴之糜費，除購船實款外，可節甚多。郵部支至五千餘萬，比宣統三年之二千三百萬加倍，尤謬。外、度二部，亦多妄支，冗員千數，薪水人數百，皆在應裁。而籌備之二千四百萬亦非要務。合應裁數千萬矣。陸軍四千萬，計二十四鎮，每鎮百五十萬，實浮支三十萬，合應節七百餘萬，況此二十四鎮者今多散遣者乎！

其他若再核實，所出入不止此數。若舊債之息五千萬，前朝預算已開，不須重出。至四國借款所稱改幣、實業、與粵漢、川漢鐵路三者，皆未有交款。惟郵傳借正金銀行，及津浦所借之三百萬，與各省新借者，亦無新息二千萬與千餘萬之多。即連外債五千萬，已有海關存款足支矣。

若夫遣散軍隊，事為最要，然前朝預算款已有千三百萬矣。今之兵數或稱八十師團，或稱六十師團，然各省師團皆號稱多數，而非實額。鄂號八團而實六團，蜀號六團而實五團，各省同之。今非與外競之時，無須多兵。若核實散遣，僅留前清額之二十四鎮足矣。散兵人給二月之餉，每散一團僅費二十四萬。若散三十六團，共八百六十四萬。尚餘五百許萬，足供恩恤之費。即有不足，與夫賠商民及規復建築、皇室經費，則前預算籌備之二千四百萬儘可給之。亂後歲入或減三數千萬，然可以各部裁核款補足之。則出入大概必可相抵。若綜核之，尚大有餘。然則無可適適驚也。但當亟行弭亂，恢復秩序，則稅入足支所出。

今所重要者，在統籌全局，為新中國奠不基耳。今但當搜求現金，極力保藏，以為準備，而流通紙幣，行用於國民，以噓枯吹生。政府之五萬萬紙幣，除以二萬萬購回舊幣及銅元之虧外，有二萬萬以為勸業、興業銀行，尚有一萬萬兩以辦他政，則凡嚴警察，備法官，通道路，查土田，營鐵路、輪船，經營蒙、藏之要政無不可舉，恢恢乎游刃有餘地矣。尚何舉國患貧，仰乞於外哉？

鑄行金主幣

何以必鑄行金主幣也？吾國幣制之亂極矣。銅元盛行，數在一百二十萬萬上，又復新舊銅錢並行，害在民間，降為銅主幣國，一也。銀塊之錠，權量之兩、錢、分、毫，與銀圓、角並行而不劃一，隨地各異，幾為無主幣國，二也。新圓與舊銀圓並行，中國銀圓與各國銀圓並行，銀水火色高下不同，市市各異，三也。權量四十種處處不同，四也。銀紙由銀行各出，不歸總於國家，亦由各國銀行各出，無主幣於主國，五也。銀價日低，而不以金為主，聽外人操金價之漲落，而內商無權，仰命於外，幾同投機，商勢危險，六也。既無主幣，猶無尺度，不能量物，莫權輕重，舉國不知所從，即有銀行無從措手，七也。幣制之紊亂至此極矣。若不改定金幣以為之主，而盡收舊幣，則一切幣制無從起，一切財政亦無從理矣。

近人亦多知舊幣之亂而金幣之利，思易舊幣，苦於無款，無從變易。蓋德人勝法，日人勝我，得賠重款，乃易行金錢。奧人則賴舉債而後能易金。我則四海困窮，安所得易金之巨款乎？或倣照印度、呂宋行虛金之策，則彼二者皆有主國，故虛金可行。我則萬萬不可。惟今既有資本準備之萬萬兩，又有借外債之二萬萬兩，必宜立鑄金錢以為幣制之主矣。且近年來萬國皆已變金主幣，遠之窮國若突厥、波斯、墨西哥，皆已變矣。近之日本、印度、暹羅、南洋、非利賓，皆已變矣。惟我中華一國不變，夫豈能以一國而受廢銀之下游，聽金主之操縱哉？然則雖不欲行金主幣乎，大勢交迫，又烏可已？惟同一變金，而應用金單本位或跛行本位孰宜？主幣之輕重宜如何？金銀之比價宜如何？輔幣宜如何？眾論紛呶，可商榷而得所折衷焉。

（一）吾國可照美、法定為定行複本位，定金銀比價為二十五換。

以吾國金少銀多，銀亦宜充準備，故依跛行複本位也。

（二）請定四分純金為一金圓，折計舊銀一兩，以為主任。

查美以四分金為一圓，日本以二分金為一圓。然七錢重之銀圓即法之五佛郎也，歐人今皆久廢不用矣。奧國於重二錢七分之佛羅練士（florence）近亦廢而改用三錢重之佛郎。乃至日本名雖為圓，而國中之銀輔幣只用半圓以下，且改輕為二錢八分，且當改金幣之初即將七錢重之大圓一萬六千萬盡行購回，融銷而賣之。故除美洲產銀用此七錢之大圓外，大地萬國無用過三錢重之貨幣者。惟俄之盧布，印度之盧卑（rupee）最大矣。吾國今始變新幣，豈可於人廢棄者而復摹效之？一也。且我國數千年用兩、錢、分、厘之權量成俗久矣。即今即今已變用圓，而全國商店人家之簿記，舊日之債券，皆承用兩、錢、分、釐而不改。即今借外國債之進支，亦用兩、錢、分、釐之數。若兩之與圓折計，則甚繁而不便。二也。夫幣制輕重本不可依於權量，以致泥守難變，然初變之始必依權量，後乃棄權量而獨行，故雖變法，民便之而不驚也。即英之磅、佩士（Pence），德之馬克，亦皆古之量名，今乃為幣名耳。況以銀兼為準備，更不能不定金銀比價，則權量愈不能廢。今以四分金為一兩，以金為主，實是獨行。但初時為銀比價，俾舊之銀幣有所遵循折衷，皆以廢銀收之。若舊幣盡收後舉國皆行新幣，則兩、錢、分、釐之數久自忘之，自然廢矣。至是定行金單本位可也。今先可承舊，今民便而不驚，豈不甚易？三也。更有要者，今方舉全國舊幣而盡收之。若新金幣亦依七錢之數，與舊無異，則舊幣難於全收。若行用兩數，則與舊幣圓、角之數絕殊、人皆無用，不得不售易新幣。以此迫行新幣而廢舊幣，其勢至順。以此搜購舊銀為準備，其事倍易。四也，故竊以為新變幣制必以兩計，而萬不可以七錢之元計也。

既以兩計，則從美以四分為一兩，約照今金銀比價二十五換，亦為得宜。何也？以今金價太貴，銀價太低，吾國三十餘換，其虧太重。近者印度、突厥皆行用二十換，吾欲仿之，惟配折以兩，計數不便。美國與吾對海，交易既大，不如直用美制，以四分為一圓。但吾銀向來久低，難於驟昂，故彼以四分金抵一打拉（dollar）銀圓之重七錢者，吾以四分金抵重一兩銀者。及舊幣既收，久而久之，兩、錢數忘盡，則吾之號一圓者與美一圓者相合。他日於一二錢之輔幣改鑄稍輕，同於美之角，則吾幣制與美平等，無異十六換矣。竊謂今改金幣之制，莫良於是矣。

四分之金主幣既定，則鑄四分純金之幣為一金；增鑄純金二錢者為五金，當五兩；純金四錢者號十金，當十兩。發出紙幣亦同名曰一金，不名曰兩者，令後來易於去權量也。凡各國始變金幣時，皆行用小金。美國昔亦有一圓之金，當一打拉，法有五佛郎之金幣，突厥有二十七啤亞士打（Piaster）之金幣，即當一打拉五法郎者，瑞典有五克郎之金幣，皆可為法而採用之。他日金幣制大定，或亦如美專行五圓、十圓之金而收回一圓之金，無不可也。英號稱金磅而行金磅，名實皆正。德、法記數號稱馬克、法郎，金雖無之，猶藉銀輔幣為記號，各國皆然。惟日本以圓記數，而金銀主輔之幣皆無圓者，但紙幣有之，雖未嘗不可行，然無其實而稱其名，未見其正也。今不從四分金主幣，既定比價一兩為一金，則銀銅之輔幣可得而推矣。

請定銀總重一錢純重九分者為一銀錢，以十易一金

銀總重二錢純重一錢八分者為二銀錢，以五易一金

銀總重五分純重三分五者為半銀錢，以二十易一金

請定鎳重二錢者為二分錢當二十，以五十錢易一金

銅重二錢者為一分錢，當十，以百枚易一金
銅重一錢者為半分錢，當五，以二百枚易一金
銅重七分者為二釐半錢，當二五，以五百枚易一金
銅重四分者為一釐錢，值一，以千枚易一金

惟美、法銀多，難於收回，故行複本位。且慮複本位難於維持，恐價為強定，易作弊，多出偽銀，則直行金單本位，直以四分金為一圓，鑄為金錢，兌以紙幣，值金一兩，而不明定金銀比價，聽其自然漲落之勢可也。如此尤為直捷便利。但以四分金為一兩，最於吾國為宜，而必不可用七錢之圓耳。

搜購金銀

何以必搜購金銀也？凡用紙代金之義，只有信用而已。信用之極，數千百萬之金可以一紙得之。夫豈一紙之能信用至是哉？蓋有儲金以準備其來取也。既準備其來取，則可不取矣。譬練兵者日準備人之來戰也，既準備其來戰，則可不戰矣。故治國者，雖保和平，不能不日嚴武備之容。欲昭信用，不可不日預準備之金。夫紙幣者不能出國境者也，出則無用。

挾紙一卷，周行於大地萬國而無損礙者，其惟英、美之紙幣乎？美之紙幣非惟流行外國而已，且出高水以爭之，則信用之至矣。遊於華盛頓之造紙幣廠也，故紙如山，崇墉櫛比，皆疑為書肆也。女工三千，印聲登登，跋來報往，燒舊寄新，郵寄紛紜，車軫接輪，則全美數千萬萬之產貨以漲天塞地者在是矣。嗟夫，何其紙力之宏遠巨大如是哉！遊於費驁地費（Philadelphia）之金庫，則金銀為磚，盈千為壁，凡十餘萬萬焉，保守藏扃，非大凶荒不少發也。其於藏金不動如山，故於紙幣流通如海，蓋紙幣特其化身耳。以吾國之用金貨，而廣土眾民如斯也，區區二萬萬何足以廣信用而澤枯骨哉？故必如美之所藏焉而後可，則大搜購金銀其最要也。購於外國，恐其價漲，然則惟有搜之於國民而已。

吾國民向來知有家而不知有國，今者危亂困窮，則亡國之由，與其發憤為國民之捐，而政府隨收隨支，隨支隨盡，無救於窮，即無救於亡，則愛國而未知其道也。知愛國之道者，盡輸之公而其私不失分毫，易之於國而於已反生大利，則莫如國民以金銀質塊售於國家銀行，斯中國大富矣，國民被潤澤而大豐美，與美爭衡矣。蓋吾國若有十餘萬萬之實金銀以為準備，則公債更可多發，紙幣亦可多出，以應市面之用，而適其宜。然母財之豐嗇，非專視貨幣之多寡。貨幣之為物，少固病轂，多亦病滯，固有中數。今但極言之，不必泥也。母財豐溢，則農、工、商、礦莫不興舉，雖欲不富，安得而不富？即彼美國，今以富力雄於萬國者，而在前四五十餘年，南北戰時，軍需日百萬無所出，鐵路未築，道路未通，農、工、商、礦皆未開，非與吾今中國同哉？曾幾何時而已騰歐駕英也！

夫國家既特禁實金而通行紙幣制，則賦稅、俸餉、貿易莫不用紙幣矣，國民藏金銀者，自首飾器用外無所用之，若售於國家，則不失其價，可為賦稅、貿易之用，未損分毫也。而國家得而藏之，則以不用為大用矣。夫民國者國民之公產也，譬之族姓之祖嘗也，祖嘗豐則子孫分其租，入亦豐矣。故謂藏之於公而私己不失分毫，交易於國而身家反生大利也。吾國民不知此義，則中國難富難強，窮乏易亡。吾國民知此義，則中國之富可以期年，即其強，不待十稔也。此非政府數人，銀行數人能為之，當合全國民共為之而後可致也。

（一）搜購之於國中之銀行、當押、金銀店也。

此三商業皆金銀之匯聚，而於國家銀行皆為股本，如一家然。應令銀行、當押，凡有以金銀存放者，皆繳售於國家銀行，惟許留新補助之銀幣，以備行用。其當押遇有金銀器當斷者，皆售於國家銀行，不得私售與人。其金銀店遇有以金銀器物首飾找易者，除本店須用外，餘皆代國家找易之，交其近地組合銀行，取回幣價，而繳存國家銀行。其金銀首飾店應用金銀若干，許購於正金銀行。夫計定用兩數之新幣；則一切之舊幣必無用，既可立行盡搜。方今經亂後，人民窮困，金銀首飾器物質押於當押而不能贖者必多。若一以歸國家銀行，所獲無算。

（二）搜購之於各金銀礦也。

凡全國金銀礦產出之金銀，必繳售於國家銀行，不得私售與人。

（三）搜購之人家也。

中國雖窮，而全國之金銀質不少，金則婦女首飾尤多。若改行金主幣，金價跌至二十五換，人民必大受其虧，則大怨矣。南洋改金幣時，但星架坡已虧三千萬。故今政府宜預宣布全國以改金幣之期，而許特照時價三十餘換購之，則改二十五換新幣流行時人民不虧，而可不怨。國準備金益得充盈，即可以購得之金鑄金錢焉。非一舉而三善備乎？吾國更有要義：金之為質，實為幣主，萬國同之。吾國向不以為幣，故金礦不開，徒供器物首飾之用，故金箔之虛縻日甚而金乏。加以近者萬國交通，歲流於外，若不改易舊俗，力保實金，以為準備，則中國無富國裕民之望矣。日本婦女不用釧鐲，費金甚少。歐、美金本富溢，而首飾但重寶石，不貴金銀。我國以金為至需要之時，而人民婦女專縻金為首飾金箔之用，至可惜也。今激勵國民空捐其財於國，何如激勵國民勿糜其金而售於國乎？但使全國婦女不用金飾，全國國民不用金箔，皆售之於政府，民無少虧，不待捐捨，而政府以為準備，可以大擴財政之紙幣，可以厚增國民之資本，百業皆興。吾國富於金礦，不三數年，大出其金產以與美國爭勝矣。至是富者雖為金屋可也。

且首飾尚華，故歐、美重寶石與珠，以為首飾，視用純金者為鄉曲樸粗之物。試以寶石與金比較，寶石五色相宣，異光陸離，錯雜文美，視金之一片黃色實太樸矣。若銀之賤，歐、美人只為器用，不充首飾。故富者欲競首飾之美重，豈知人用金銀，反非美重也，何可虛糜之以失國幣乎？竊謂寶石產自外國，不可好尚，吾國向重珠玉，色至華好。今歐、美上流多捨鑽石而佩珠玉矣。吾國富家首飾若好華美，宜專用珠玉，共棄金銀。一轉移間而金與銀滿於國家銀行，中國母財不可勝用矣。此所謂化無用為有用也。

事關國計，雖行之禁令，亦義所宜然。惟由報館為文鼓動之，由女士倡首飾用珠玉不用金銀，俾國民自然易俗，婦女不帶金，國民不用金箔，盡收之於國，然而中國不富，國民不富者，未之有也。三年之後，可復使金銀偏地矣。若不行此，則中國敝乏，金銀全流於外國，民糟糠不飽，將為人奴，尚何金銀首飾之足言！印度婦女手腕釧鐲以數十，而永為人隸。同一金銀，視其用如何耳。昔宋人之不龜手藥也，有以為絣繲紡，有以為破國封侯。日本以金為銀行準備而國富強，吾國但以為女飾，而國貧弱。吾國人何擇焉？

（四）搜購於華僑也。

分設正金銀行於美之紐約或三藩息士高（San Francisco），加拿大之灣高華（Vancouver），檀香山之漢那盧路（Honolulu），澳洲之雪梨（Sidney）此四地者華僑至多，而用金之國昔但美中歲匯逾九千萬，今人少減，匯亦必減，然合加、檀、澳計之，歲必近二萬萬弱。若吾有銀行，匯水稍高，接其匯兌，則自吾國發紙幣與之，而在彼地購易金塊以歸，一轉移間而得實金無量矣。若慮外人匯劃不足，其究也將必以實金彌之，否則終流於外，則吾有萬萬巨款存放外國銀行可以抵之。且至此時吾庫已充實，更可昭信，或可多借款貯外，以益張吾信力矣。南洋銀行不行用金，而富人金器最多，盛衰起落極易。暹羅華人二百餘萬，潮人為盛，爪哇則閩人為多。若在暹之濱角（Bangkok）京，與星架坡爪哇之不打喂（Batavia），緬甸之仰光，開設正金銀行，收其匯兌，收其銀並購其金，此則次之。然須候銀行財足，乃可次第及此。合數法行之，吾藏金大充，信用必著，長袖善舞，得以發吾廣土眾民之力，與英、美競爽，豈復患貧哉？

（五）聽人之自由鑄金幣也。

各國皆有此例，凡國民欲鑄金銀幣者可託造幣局鑄之，政府但收其鑄工之費，而國家多此金錢流通矣。國家既通行紙幣，則終收於國庫，而可多準備金焉，豈不一舉而三善備乎？

七、設組合銀行

何為立組合銀行也？今銀行最新完備法莫如組合銀行，自加拿大創為也。各地都邑、縣、市有銀行若干家以上者各出資本十之若干，以成一銀行團，是為組合銀行。各銀行公選人任其事，以時公議之。凡金融之高下，物價之騰落，皆考求之。各銀行資本準備之厚薄，商務與需要之多寡，皆報知之。各銀行須增減其幣以應時需者，請求紙幣於中央銀行而發與者，皆由組合銀行代發而監督之。其有虧敗，則組合銀行分償其若干成，如其資本之數。以其分償也將累及組合銀行，故組合銀行之監督各銀行甚密，而其資助各銀行亦甚得其宜。自立此法，加拿大銀行之倒閉者甚少，民間之受益甚多。美國慕其法之美而意之良，各市亦多師其制，爭立組合銀行焉。合各市有銀行十家，其資本在五百萬以上，得立組合銀行。

吾中國土地既大，道路不通，京師之與邊壞既遠隔，邊縣之與省會又遠隔；各地銀行之與中央銀行也，欲呼吸交通，以時應其需，其道無由，其發達亦無由。今若於各省、府及大城市之有銀行、銀號、錢庄若干家以上，令其按照資本額出十之若干以為信用組合銀行，照銀行通例實收半數，雖號收四成者，實二成也。略分三級：省會組合百家，資本百萬以上者，為上級組合銀行。其小省邊僻不及格者，亦得附列為上級。其雖非省會而能組合百家，資本百萬以上者，亦列上級。其為各府、縣城市組合十家，資本十萬以上者，為中級組合銀行。其鄉市組合五家，資本二萬以上，為下級組合銀行。其當押店亦為鄉僻金融所關，許加入焉。

上級組合銀行求發紙幣，買賣公債，行用幣制，搜購金銀塊，皆直接中央銀行，而受其稽核。中級近地者求發紙幣，買賣公債，行用幣制，搜購金銀塊，亦可直接中央銀行，而中央銀行稽核之。中級銀行遠地，則與各上級組合銀行交接，以便轉輸直速。若下級組合銀行地近上級組合銀行者，於求發紙幣，買賣公債，行用紙幣，搜購金銀塊，亦可直接上級組合銀行，而皆受其稽核。其遠地者，則與中級組合銀行交接，而受其稽核。其組合銀行於各本店尤得稽核之。凡各級組合銀行，皆以其資本金十之一充中央國家銀行資本，或以其十之一充正金銀行資本，或以其十之若干買公債票，以為保證準備。其有放款、則紙、貯款、股份票、期票，得為保證準備。應其限度，以十之七或十之三發以紙幣焉。

上級省立組合銀行略猶美、墨之州立銀行，有特重之權利焉，猶德國之聯邦六銀行也，亦少類英國之蘇格蘭十銀行，阿爾蘭（Ireland）六銀行，得特別發紙幣焉，以聽其應各州、縣之請求，以供不時之需。惟紙幣簽名，由中央銀行節制消息，與德同，不如美各州之恣肆，不如蘇格蘭、阿爾蘭之獨立也，酌於墨州立銀行，德聯邦銀行，以助國民之增本。凡省募公債收國庫，皆託而流通焉。

縣市之組合銀行以助縣市人民之增本流通，雖無省立之大權，而一縣之募公債及國稅地方稅之收入託焉。鄉市之組合銀行，信用雖小，而一鄉之募公債及國稅、地方稅、鄉稅之收入託焉，亦重要矣。其將來興業銀行可託者或改易之，既有若此非常大利，則不勞強迫而爭組合矣。

各組合銀行可常貸與各銀行本店，其可信者務優助之，務如其資本之數，或增數倍，而稽核之。其不足而需款者隨時補之，以應其急。其有虧敗倒閉者，則組合銀行償其若干成焉。其組合銀行之股票可作準備，可分押，可分售。但押售後，其本銀行所貸原本之幣與其權利失否，由各組合銀行相機定之，不能議定，而必有情面存焉。

或慮信用組合之法雖佳而近於強迫，則不可。是大不然。夫各小銀行以一資本可化增為組合銀行，一利也。又可化增中央國家銀行，二利也。民間貸回紙幣多如其所出之本或過優之，則運轉不虧，三利也。時需緩急，他人不能信用假借，而己所分出之組合銀行易假貸以應急，四利也。銀行虧敗倒閉吾國所深患，故人多託款於外國銀行，有組合銀行以償其若干成，則人間易於昭信，五利也。組合銀行勢力大而信用著，易獲溢利，各本銀行可分得之，尤為意外之溢獲，六利也。中央國家銀行操全國之財權，立於不敗之地，可出保證紙幣，大利不可思議，而民間各銀行可與組合銀行間接而為股本，其溢利則分於組合銀行，仍分與各本銀行，七利也。民間不費一文，但一轉移間而為中央銀行及各省縣之組合銀行股本，與國家、省、縣大生關係，八利也。中國銀號、庄資本薄弱，人難昭信，最為銀行之忌，且分店多則用工人多，亦為虛糜之費，故美、日國民銀行皆限其資本額，其村鄉三千人以下者至少在二萬五千元以上。即今日本銀行家議論尚日勸各銀行之合併，而合併銀行之事亦日有聞。今槧勸吾國人以合併銀號、錢庄，其事至難，以人民為銀號、錢庄者多非合股，但一二家賴以為生，勢難一旦公之於眾也。惟今倒閉者多，人情亦畏其難矣。若有組合銀行，則信用大而資本厚，各小銀號、錢庄勢難與爭，自漸即於淘汰，是不啻各小銀行之皆合併也，大利九也。可以代收國稅、地方稅、鄉稅，代募公債，既增體面，尤有大利，孰不爭組合之？大利十也。有此十利，人之所樂，亦何勞於強迫哉？

以上專就各小銀行之利言之。若今吾國中央銀行，最要首在發紙幣，售公債，搜買金銀，購回舊紙幣，然皆難下達，況國土廣漠，假之吏手則凡百作弊，何況金銀，託之各小銀行，則資本極微，難於信用。若中央銀行多分支店，固各國之通例，然在吾國則支店尤易大作弊，大清銀行其前車矣。故中央銀行欲大改革建設，行茲數者，其道無由。不得其良法，則無一而非作弊之媒，益信用之矣，而國計遂不可挽。苟各省、府、縣、鄉皆有此組合銀行，則中央銀行一切託之，如中央之支店，至穩而可信，大利十也。

以上就一私人與公國言之，尚非組合銀行必不可缺之圖。其必要而不可缺者，則以吾國土地太大而道路不通也。歐土各國鐵路若織，全國皆一日之程，日本亦無過二日程者。吾國邊遠距京師以數月計，距省會以三四十日計。各地銀行市價有須大增貨幣，或市價低，溢餘貨幣；安能於數月數十日之程而待救於中央銀行，或存之於中央銀行乎，中央銀行應其求而發幣以救之，到時已成無用，若存於中央銀行而欲取之，急時又不可得。然則中央銀行，只能為國，不能為民也。邊遠窮困，應拓利源，應助市用，應助邊用，孰從而得之？今有組合銀行代中央為支店，縣鄉之金缺乏，而市價多須，則求過於供，得以發幣立應之。縣鄉之金溢餘，而市價跌落，則供過於求，得以存放其餘金，而令彼小銀行有息焉。然後邊遠有挹注之本，國家得呼吸指臂之用，足民而後國可富，則利莫大焉，十一也。

若患組合銀行之亂發紙幣，若美之州立銀行然，則用墨制，必須中央銀行簽名以限之，應用時則銀行監查官電請於中央銀行，得許乃能發用，仍須監查官與地方長官、國稅官各持鑰開之，公同核發，照德、日制限屆伸法，課以五六釐之稅；其時價已下，無所須用，復繳藏之。銀行監查官與國稅司長官各執其鑰，無得妄發焉。吾國土最大，道路最不通者，舍此莫由矣。

我國各地銀號、票號、錢庄，皆有組合之公所，皆有自治之法規，公議銀市時價及交易鈔票，法章甚嚴，故以金銀關係之重，國家毫不監督，絕不干涉，而能成其業。今以上海考之，山西票號則有匯業公所，餘則為南、北市錢業公所。漢口及各省皆然。廣東則有銀行會館，法規皆公訂妥行。北京珠寶市則有錢市。然則組合銀行乃天然之事，吾國先創行之久矣，但章程未精密，推廣未宏大耳。今若因其滙業公所、錢業公所、銀行會館組合之舊，為之改定條例，悉照加拿大、美國組合銀行之例，令各銀號、錢庄更增集資本，公選董事，其省會大市有過百家或數十家，資本過百萬者，許為組合銀行，中央銀行付以代辦之權。其縣、鄉十數家以上組合者，付以縣、鄉代理國稅、國庫及公債之權。則一轉移間而組合銀行之制定矣，蓋有所因而最易為功者也。

中國銀行通流全國乃至蒙古、新疆並設支店，且信用久著者，山西銀號為最矣。聞山西尚多藏鏹，未知然否。然山西幫辦理銀行之法多與泰西闇合，惜不能擴大耳。今若能勸令山西各票號合為一大銀行，資本必有數千萬，規模既定，且可再增，則付以日本正金銀行之權利，令其設分支店於倫敦、紐約、巴黎及雪梨、灣高華、漢那盧路及南洋、爪哇、星架坡、仰光、濱角，令其募借外債，搜購金銀，以助中央銀行，實策之上者。惜山西人不見及此。今中央銀行藉一官僚之信用甚難矣。或直以為中央銀行亦妥。要無論如何，以山西幫為組合銀行，實為中國銀行信用之大者。吾猶日望之也。

今將北京、上海票號、錢庄開列，以舉組合之例焉。

北京票號二十五家：

蔚泰厚、三晉源、合盛元、天順祥、新泰厚、協同慶、志一堂、天成亨、大盛川、百川通、蔚長厚、源豐潤、大德恒、長慎湧、義善源、長盛川、蔚盛長、日昇昌、蔚豐厚、大美玉、大德通、義成謙、大德玉、存義公、協成乾。

北京銀號十八家：

瑞林祥、革豐錦、德成厚、勝豫、通和、恒祥慶、裕達源、萬義源、新泰、蘇裕源、中裕厚、萬源恒、華瑞、裕源、天吉厚、寶聚源、勝大、德恒。

北京錢舖：

恆源、裕興、寶隆、義豐增、利加、振盛興、天豫、德茂、和順源、大興、萬益、天恩合、茂盛、恒利、寶興、興成、天興、源茂恒、義盛、寶興亨、德興、永源、天恩、永盛、天成、乾昇、恒興、義順裕、漏通、鼎昌、慶祥瑞、羅興昌、義長厚、天益泰、阜源、天增、恒盛、源聚恒、廣德、恒和、裕豐、隆茂、仁源、雲益、三益、復茂永、北德盛、茂盛源、協道、乾盛永、興順德、久恒、恒昌、德成、天盛、和益公、長發厚、泰興、萬和義、德泰、義興合、德益合、泰和、永和義、寶和、天德恒、中和、永和、和豐通、義豐、北義和、永順、天義興、東永興、德豐泰、成玉、三聚、聚元、同泰、裕泰厚、祥和、萬隆、天義、天中、恒大公、公益、杉元鈺、內茂盛、集成、大興泰、萬慶長、大新、茂盛、萬隆、源順、永和、和盛段、裕興成、永泰賡、通裕、大興、滙豐泰、複興、三合、鎰聚、祥聚泰、會源、德恒益、鼎盛永、秉彝襄、寶興永、隆源永、義泰、震興、源和、阜豐、天和、天聚豐、萬昌、鴻豐、信義厚、萬寶金、乾德、天慶、泰興、永信、合和、萬利、利合、滙源、萬德成、和泰、慶豐潤、義和昌、元成久、萬裕、聚豐、信順恒、正和、廣聚。

共一百五十家，今必有增減矣，以恒和、恒利、恒興、恒源四恒為大，錢票自發，多至四五倍，甚或十數倍，皆無準備，故多破產者。

北京銀爐二十六家

萬聚、裕興、增盛、源豐、裕豐、全聚、復聚、祥瑞、恒盛、謙和瑞、聚豐、聚增、寶興、聚盛、益泰、增茂、恒康、寶豐、德豐、萬興、萬豐、德順、聚泰、同源、泰盛、寶源。

欲搜購現金銀，則不能不令銀爐繳售金銀。然鑄幣皆歸國有，此後銀爐只為錢庄，無復有傾銷之事矣。

天津、山西票號三十四家，其信用大者二十家如左：

大德玉、大德恒、蔚泰原、蔚長厚、長盛川、百川通、協成乾、福成德、三晉源、源豐潤、大德通、大盛川、蔚豐厚、協同慶、志成信、大玉美、新泰厚、協和信、存義公、義善源。

天津錢莊：

振泰承、義成乾、天昌和、恒隆、和盛益、天祥茂、德信厚、瑞隆泰、瑞祥泰、恒德原、裕豐成、恒永、義慶昌、立泰成、盛興源、仁興茂、元昌、裕盛成、慶吉厚、元慶、德義厚、源和生、聚通恒。

上海票號名二十二家，皆山西有本店：

蔚豐厚、合盛元、百川通、協同慶、蔚泰厚、新泰厚、協和信、大德恒、協成乾、大德通、志誠信、中興和、三晉源、大德玉、日昇昌、天順祥、蔚盛長、乾盛長、蔚長厚、源豐潤、存義公、大盛川。

就中資本尤厚信用尤大者十六家：

蔚豐厚、三晉源、百川通、大德恒、蔚泰厚、存義公、日昇昌、中興和、蔚盛長、大德通、蔚長厚、志誠信、協同慶、協成乾、新泰厚、大德玉。

北市錢莊：

同福、源利、慶餘、鉅豐、同餘、壽豐、久源、慎餘、同和、承裕、宏大、源餘、鼎康、瑞元、元茂、恒益、和康、鉅元、恒德、延源、森康、福康、宏元、源吉、鈞康、永康、永豐、仁大、壽康、彙康、志大、兆豐、竹大、義善源、怡大、厚大、北之益、衍大、協昇、元甡、崇餘、元鼎、瑞裕、餘大、瑞大、鎮昌、晉大、晉和、寶順、怡豐、鉅亨、正大、存德、永豐、寶和、永大、同福、鼎康、鼎源、竹大、寶利、協竹、源利、壽豐、承裕、源通、致和、瑞元、鉅元、恒一、元甡、瑞裕、久源、餘大、鎮品、鈞康、慶裕、宏元、順康、信大、厚大、源吉、會餘、義善源、仁大、同餘、和康、滙康、兆豐、豫源、怡大、衍大、瑞豐、元鼎、宏大、瑞大、元茂、恒德、晉大、森康、敦和、怡豐、恒興、晉和、永豐、寶順、忠大、宏裕、森源、壽康、慎餘、源餘、元豐、崇餘、福康、鉅豐、明德、鉅亨、永餘、正大、永康、存德、洽餘。

南市錢莊：

安裕、恒泰、安康、元源、鼎興、義昌、乾元、鼎昌、厚泰、正泰、源成、慎和、嘉惠、晉元、大豐、嘉泰、聚生、鼎泰、元益、元春、鼎宏、元興、和祥、德大、元大亨、安春、立餘、順元。

其資金信用在五十萬以上者十家：

竹大、餘大、壽康、慎餘、承裕、延康、彙康、晉康、崇餘、正大。

其資金信用四十萬以下者二十六家：

宏大、協餘、衍大、鎮昌、兆豐、和康、仁大、鉅元、源吉、鉅亨、寶和、宏元、永豐、延源、源利、瑞大、鎰大、厚餘、晉大、協竹、元茂、元甡、厚康、福康、永康、寶順

其資本金二十萬者五家：

義善源、久大、存德、恒餘、謙泰。

漢口今燒燬後未知盡存否，姑據舊銀號數以備考。

山西票號：

蔚泰厚、天成亨、大德恒、大德玉、恒豐預、乾盛亨、德和永、蔚豐厚、協同慶、存義公、長盛川、興隆金、恒盛茂、日昇發、蔚長厚、協成乾、三晉源、天順祥、永泰慶、日昇裕、新泰厚、中奧和、百川通、蔚生長、協同信、新裕厚、志成信、大德通、合盛元、日昇昌、大盛川、永泰昌。

漢口紹幫即浙寧幫：

大豐、晉昌、同大、大昌、源成、德源、大成、信成、衡源。

江西安吉幫：

裕厚德、怡和生、義豐源、聚和福、惠怡厚、怡和興、阜昌隆、竹泰昌、義和利。

江西南昌幫：

裕大昌、豫元章、吉興永、楊裕昌、怡興永、益昌祥、徐春茂、復泰、均大昌、義生厚、恒裕、萬裕、楊裕成、宏昌祥、興茂、永裕。

徽幫、安徽幫：

匯康、謙福張、啟大、恒豐、怡生、怡生隆。

錢業本幫：

益大、濟康、春興豫、保太、葆昌祥、天福、順昌、慶餘、源生、鼎亨、福生恒、源茂隆、萬鑑、鼎森裕、同興裕、義康、裕德、益祥、厚生、源裕、茂亨、震隆、晉康、仁大、萬泰公、義盛、博泰、同茂泰、元泰、義厚祥、晉泰、隆泰、祥豐、義通祥、永豐、興泰裕、德厚泰、信順、厚記、全源、慎餘、鼎泰祥、有益、彤和、源祥、匯慶、晉安、衡康、德昌、利生、阜祥、晉和、福祥、慶昌、源益。

錢鋪、爐房：

謙益、興泰、協順、公安、洪順、劉祥興、聚泰、復昌、同大、春生。

錢莊：

仁成、協昌、阜明隆、永昌祥、德厚福。

八、設正金銀行於國外

一設正金銀行於外也，以借外債，通外滙，分支店搜金銀，以為國家銀行之輔。查歐土各國，借外債、通外滙、分支店皆以國家銀行為之，蓋資望極重，故自不拔。德帝國銀行支店二百四十，蘇格蘭十銀行支店千，英十五銀行支店七百餘，加拿大三十八銀行五百支店。日本國家銀行少設支店，不與外交通也，以正金銀行代之，但表面則分而為二。推其用意所在，蓋以日本初創國家銀行，為一國金融所繫，若少有失敗，則全國財政為之牽倒，故少立支店，不親擔借外債、通外滙，俾可以永立於不敗之地，可謂至穩矣。惟通外滙、借外債、立支店之事必不可少也，故另立正金銀行以代之，亦厚其資本準備金以昭信用，資本凡二千四百萬，幾與國家銀行等，用為國家銀行之輔。蓋國家銀行如政府，而正金如出使者也。有居守者，有行者，各自為職，皆不可缺也。

吾國初欲創國家銀行，無歐土之人才資望，宜法日本另設一大銀行，民與國合辦之，厚其資本、準備之金，至少亦須二三千萬，以昭信用，分設支店於紐約、倫敦、巴黎、伯林以通滙兌，而調其高下，若滙價太高則引下之，若滙價太低則引高之，務令吾國不大虧。則不致以金融權聽命於外人，而俛首惟謹矣。其國有急，則在紐約、倫敦、巴黎募債，而不致以借債之舉歸於國家而危撼本部矣。又設分店於澳洲之雪梨，夏威夷島之漢拿盧路，加拿大之灣高華，暹羅之濱角京，緬甸之仰光，爪哇之不打喂，及星架坡、香港，與我各通商口。匯兌皆通，搜購金銀亦易著手。吾今交通銀行、通商銀行皆不足以任之，或合併之，再增資本，或庶可耳。惟道路遠隔，廣設支店，稽核為難，流弊無窮，前大清銀行可以為鑒。為政在人，非才不舉，必不得已，初辦之始先辦紐約銀行，次及巴黎、倫敦，以通匯兌，而平金融之價，其餘以漸推廣可也。

九、邊遠設特權銀行

一邊遠設特權銀行，以開富源而便拓殖也。查英有蘇格蘭十銀行，阿爾蘭六銀行，瑞士有三十四銀行，德有聯邦十九銀行，今減為六銀行，日本有臺灣銀行、朝鮮銀行、北海道銀行，美、墨有州立銀行，皆聽其自出紙幣，與中央銀行略相類，雖體裁各有不同，紙幣亦有保證。墨各州則限以三倍。美昔有浪發至九倍者，今已改例限禁之。德、美聯邦事可無論，若日本臺灣等銀行，於正金準備得發紙幣，保證準備得加倍其本，又行制限屈伸法，於市場需款時可多出紙幣，但抽五釐之稅，蓋以邊遠地例難與中央交通，市價時有需要，不能遠請之中央，一也。邊遠地利多蕪，闢之則富源可殖，非藉銀行多出紙幣不為功，二也。故予以特權，許出紙幣，誠不得已之宜也。臺灣銀行資本僅二百五十萬，而大用已如此矣。朝鮮銀行雖有濫發，然可隨時收節之。

吾國自西藏、新疆、內外蒙古、吉林、奉天、滇、黔、南寧、瓊州、打箭爐十二地，皆宜設特權銀行，厚其資本，或多或少，略皆當以二百五十萬為之。政府以千五百萬之紙幣，再招本地人入股半數，則立舉矣。用蘇格蘭、臺灣、朝鮮銀行例，許其對正金準備發行紙幣，對保證準備發紙幣，加以限額，其市價需要時，亦用德、日制限屈伸法，許其多出紙幣，而課以五釐之稅，則岩疆邊圉地利可闢，富源日拓，農、牧、林、礦出產無窮，屯田練兵，無事不可矣，尤為今治邊之要也。

（考吾國疆理至大，道路未通，中央銀行萬不能以貫注之。實宜每省開一特權銀行以資挹注，乃便於闢地利而厚民生，但開之太多，則中央紙幣不能操權，且滯消矣。且欲提絜全國金融，時其消息，亦頗為難。故不如付組合銀行以代辦中央銀行事，較易操縱。若夫極邊懸遠，則不可不付以特權，即甘肅亦宜行此法也。）

十、設宅地抵押銀行

何以設宅地抵當銀行以興農工也？吾國四海困窮，民貧極矣，加軍興後，母財乏絕，民不聊生，欲復本業而無資，況於更興業乎！且今為物質競爭，機器繁興之世，若物質不講，工業不起，機器不盛，永無與各國競之時，則暗為各工商國所奴滅矣。吾國人多價賤，物產繁多，實為農工之國，然民貧已極，非國家獎助，欲興農工，其道無由。昔德大非特獵（Frederick the Great）之以普魯士強也，普地寒瘠，民患困窮，乃創為宅地抵當銀行之法，令各地之大地主聯成一會，各以其第宅田地出抵，發為債票，俾中產多信之，購其債票，且存款於其會中，乃又許有債票之人、得借款以興農工之業，今推演而成宅地抵當銀行，自是始也。

今德之土地抵當銀行為競爭義，其銀行押出六十餘萬萬，有城市銀行，有地方銀行，有村落銀行，其發債票許十五倍於其資本，今自來因河兩岸以至拜認（Bayern, Bavaria）、巴登，罔非新宅，工業盛於大地矣。法之土地抵當銀行為獨占義，當千八百五十二年其銀行本二萬萬六千萬佛郎，債票三十七萬萬佛郎，貸出四十一萬萬佛郎，今則但巴黎貸出已逾百萬萬矣，蓋城市居其十之八焉。瑞典行之，四十年前其京士多貢城（Stockholm）皆漁村茅簷，今輪奐輝美崇閎幾冠歐土，雖窮乞之宅亦居白堊綠窗之六層樓矣；林壙皆闢，土地價起，隆隆日上。求其所由，皆自土地抵當銀行為之。歐土各國以土地價算國富，以築屋增其地價，用起農工之業，國家乃賴以增稅入。

日本明治二十九年勝我之後，思休養其民，乃創勸業銀行，資本千萬，許發債票，照資本十倍；令各縣設農工銀行，資本歲有增，許發債票，照資本五倍。蓋以土地抵當者，皆長期而薄利，故公家助之。初發債時，信買極艱，其第一、二次之債票皆政府購之，即第三、第四次之債票尚是政府所購為多，特令郵政貯金四分之一購農工銀行債票三百萬。今則漸著成效，人民信用，已有八千餘萬矣。其初定之法，令農工二十人連帶而貸之。其借法有年賦貸法，有定期貸法，有直接貸，有代理貸，有特別擔保證，其義以補助農工為主，而不欲貸於都市。故日人施於整耕地、開墾、排水、林木、灌溉、鑛業、工業、漁業為多；借於公團尤多。

德、法土地抵當，皆以原價十之五、十之六為定。日本貸法更下至十之二三，村野地則有下至百之十二者。日本之息，年賦與直接者率七釐有奇，定期與代理者率八釐有奇。然其各縣農工銀行每苦無貸本，則國家廣為設法以助之，自府、縣、郡之金庫皆許代理之，又為勸業銀行代理國債、地方債券，及耕地、產業、漁業一切年賦定期之貸付，與有價證券，乃至定期存款外之存款、銀則之成數，皆得以充債票之準備。而派員監核銀行，勿使債券之亂用焉。其法至詳美矣。

德國又有「黎快先法」（Reichskassen-scheine）[1]，為小農工生業金融，實為有益最新法，吾亦可行。

我將欲富國，必先足民，否則雖設各種銀行，厚其資本，仍不能遍逮窮民，且無以為獎勵農工之計也。吾國近者知獎實業，而商工之公司實非國家所宜為也。不知為土地抵當銀行，以補助人民之母財，而終日仰屋，言興實業，亦無由也。以法之土地人民僅當吾十之一，而押逾百萬萬。吾土地至大，若以地宅押貸，不知若干千萬萬之價，乃與法比。今乃以無一土地抵押銀行之故，吾人民雖富有田宅，而除鬻賣外得金無術，即欲為工商，欲整耕稼，亦惟有仰屋自嗟而已。是吾國撫有萬里之土地，無限之家宅，不以為本而坐棄之。吾民亦資本皆無，惟有而田宅，無以抵押，則百業不興，生齒坐困，無術甚矣。夫有土此有財，安有坐自暴棄，而致以困窮，為人奴滅哉！

然則今欲舉此銀行，依法之獨占法乎？德之競爭法乎？抑如日本乎？吾國地大，國家僅置一勸業銀行不足應各邊遠也，則法之制不能行也。人民未信解此義，德制未能驟行。其酌

---

1 黎快先法，Reichskassen

日本制而少增之，應令每省設一勸業銀行，每縣設一興業銀行，鄉村多立「黎快先」。政府可先提二萬萬兩為資本及購債票計，省立勸業銀行，許照資本出十五倍，縣、鄉興業出十倍或五倍之債票，俾公私人民以宅與地抵押借款，以起資本焉。吾國民每逢水旱性好惠施，由各報紙勸導富民合資為之，勝於施捨，則得資本與債券或不難也。即或初時難之，而有權出十倍、五倍或十倍之債票，則人必樂從。其有不舉，則設產業組合所，許發債券，如德之巴登公國法，令每縣富民自出其田宅為抵押，而出債票，俾中人易信而存款焉，購債票焉。特令國、縣、鄉之金庫皆貯於是，俾人信之，許有債票者得貸款，無債票者不得貸。夫人誰無緩急，勢必爭附本而購債券矣。亦如日本諸法為之，廣籌債票之準備金，以國家地方稅入金庫託之。一切農、漁、林、鑛之組合與勸業銀行之代理皆託焉。亦分別年賦與定期之償還，限其息額，無過八釐一分，以便貧民。設監督巡核之。初辦之始，必苦資本不足，難應紛紛之抵押者，及大信漸昭，存款漸多、國家厚助之，則可漸盛矣。

夫市街、宅地之抵押，尤為興起國富之要圖。建築愈多，則地價愈漲，人民坐增其富源，農、工、商、鑛亦隨之而盛長，於是國富大增焉。蓋各國之算國富也，以不動產之屋地為主。夫木、石、泥沙滿地皆是，至無用也。然伐木石於山野而樹之為壁棟，融泥沙於河濱而陶之為磚瓦，文以丹青，妙其雕刻，不過工匠一轉手耳，而值逾巨萬，或百數十萬，國富即增。化無用以為大用，孰有過此？然且屋基愈大，園林愈多，佔地愈廣，電車愈通，荒地愈闢，則地價隨屋址、電車之所至而增價焉。

今歐、美有避暑之俗，中人以上冬夏必異其居，冬處城邑，夏處郊野，及夫山水佳處。中人必有二宅，否則不齒於社會之游。即不當避暑時，城市繁囂，富者惡其養生之非宜，貧者畏其賃宅之昂貴，故多夕還郊野之山居，晨赴市街之操作。電車愈多，荒野愈拓，鐵路、輪船、電街車、大工場、煤氣廠、電氣廠、自來水、排洩渠與夫河渠、水利、道路交起並作，城市與郊野之地價並增，則國富之增無量數矣。

紐約尺地皆過千圓，其至貴者有二十五尺地而值三百萬圓者。若匯於中國，可值六百萬，計吾邊一府一縣之地或不能值此矣。

同有土地，善用之則如彼，不善用之則如此。吾擁此廣土，棄木石於山林，棄泥塗於河濱，則不值一文。屋小而陋，則所值百十元而已。又無夏居之增，避囂之地，地價不增，而國富亦隨之枯槁。在吾舊國，實尚儉之使然，然於理財之計實大相左矣。

今歐、美民居日闢，地價日漲。加拿大之灣高華、域多利（Victoria）等處，十數年前數圓之價者今值萬圓。乃至南洋、日本，地價日增，國富日增。惟吾國不知，乃以日絀，亦不可不思變計矣。夫以法國之地僅比吾二省，而不動產之價值凡一千二百萬萬。但巴黎以內之屋價押於銀行者抵百萬萬。日本不動產亦值十三萬萬。吾國第宅雖劣，而都市甚多，土地甚大，比法國為例，應值一萬萬萬零二萬萬。即不能爾，豈不能比日本乎？雖今全國宅地之臺帳未加核算，然屋地實為國富之本，土地抵押實為起民資本之由，而於吾國之民貧尤切，不可不留意也。

夫人民理財之法，侈食為下，侈衣為中，侈器為上。蓋飲食者，只有虛糜，一出而無復原者也，故為最侈，宜尚儉以救之。衣雖舊可再染，敝或改為紙，然所還原有用者寡矣。雖非全虛糜，然亦為侈，惟以中國產也，於商有利焉，則聽之。器者難壞而可久，精美之器可厲工作而競於物質，其器保存亦可展轉人間。在個人有之，急時可售，非盡虛糜。在公眾尚之，得獎伎藝，競工巧，為今世之宜矣。故侈器宜尚，有益於公眾也。在個人為侈，在公不得以為侈矣。若屋者非一人一家之私物，而一國之公物也，以一人必不能久佔者也。流通於國民之間，愈多愈侈，則流通之值愈多，民愈饒，國愈富，俗愈文明，所關至大矣，故歐、美人獎導之。美人月工所入而屋租費其半，既盛宮室，又益衛生，花木扶疏繞其外，氈毯、紗簾華其內，中人之宅過吾公卿。豈故為是奢侈而不知禁哉？誠以其可積國富，即可裕民生故也。即或在個人勉強支持華屋，或稍苦之，而在一國之公積與文明，實大利矣。既國民之公利，則非侈矣。

吾國人不知此新法，徒泥於尚儉之義，以飲食、衣服一例並視之，以茅屋土階為美，故吾國人苦如牛宮馬磨，屋亦等於馬廄牛欄，徒令外人誚為野蠻。此知一個人之私德，而不知公眾富美之義也，故國富民生無藉也。欲求富美文明，獎民美屋為上，美器次之，衣服為下，若飲食則為奢侈，宜厲禁之。國民明乎此義，則富源有基矣。

吾粵人也。今試以廣東省城之舊譬之。其人口百萬，其為屋十萬有奇：大約公所、會館、大富家值十萬者百，共千萬；值五萬者四百，共二千萬；值二萬者千，共二千萬；值萬者萬，共一萬萬；值五千者四萬，共二萬萬；值千者五萬，共五千萬。是已合值四萬萬，以抵押半價言之，應押二萬萬。廣東近者殘破，自不值此。然在承平時，增此二萬萬流通於一城中，則農、工、商、礦由此二萬萬以舉實業者，以增出產，以養貧工，展轉相生，富利何限？此尚為省城也。請以縣城言之，吾聞潮州之海陽邑居三十萬，家屋五萬有奇，其十萬之屋十，其五萬以上之屋百，其二萬之屋千，其值萬之屋一萬，其值五千之屋一萬，值二千之屋二萬，值千之屋二萬，其值二萬萬一千六百萬。以押半價計之，應添有一萬萬以上流通於一縣市之中，舉以辦農、工商、礦之實業，以增出產，以養貧民，展轉相生，富利何限？若順德、香山亦其比也。此猶為縣城也。

以吾粵大鄉計之，若順德之龍山、龍江、容奇、桂洲、番禺之沙灣，新會之外海、南海之九江、沙頭之類計之，大約人民十萬，屋萬家，地方十里，其祠宇值十萬以上者十，祠屋值萬以上者百，其屋值五千以上者二百，值三千以上者千，值二千以上者二千，值千以上者五千，值五百以上者二千，共值一千九百萬兩。其桑畝值數百，今姑以畝三百兩折之，十方里之地，除山林村宅三分之一，得六萬畝，應值一千八百萬兩。屋押半價，應增銀九百五十萬兩。地押十之二，應值三百六十萬兩。合應一鄉增銀一千三百一十萬，以流轉之，以舉農、工、商、礦之業，以增出產，而養貧民，展轉相生，富利何限？此極富之鄉也。

若吾鄉銀塘，小鄉之貧者矣，男女人口三千，屋五百，田土三千，畝祠價三千以上者十，祠屋價二千以上者一百，值千以上者二百，值五百以上者二百，共值五十三萬。以屋押半價計之，應二十六萬五千。地畝一百，共值三十萬，以地押十之二計之，應得六萬。吾區區小村驟押得三十二萬五千兩。流通於一村之中，以舉農工商礦之業，以出生產，以養貧民，展轉相生，富利何限？夫以直隸、河南、廣西、雲、貴之鄉閭，茅竹為屋，畝地千錢，誠難押值。然都市仍有可為，地價仍有可恃也。苟若吾粵與江、浙、四川之比，以發富源，則可自生風雲，不可思議矣。

蓋屋與地為人民所自有，富民以屋與地組合而供抵押，則可出債券，有債券則可得金幣，復抵押以得金幣，而以舉農、工、商、礦之業，相引於無窮。故知此義也，但得大縣之地試之，其富利已不可思議。若以吾粵言之，各縣各鄉各族皆有公業公產，若順德之青雲社，東莞之萬頃沙，歲入皆十數萬金，各鄉族之公產祖嘗亦歲入萬數千金，小者歲入數百，若組成興業銀行或興業會社，以不動產抵當得款，展轉分潤，以舉農、工、商、礦之業，可一舉而成之。夫歐土市府小國，數十里之地，若漢堡、伯雷問（Bremen）之類，能富其國，歲入萬萬，園宅艷麗，士女昌豐，工商名天下者，豈有他哉？有國家銀行出紙幣以豐其國，有興業銀行以豐其民故耳。又行於布加利牙（Bulgaria）之新國，百工並作，公所、渠道、屋宅皆興，日不暇給，得新理財法故也。安有以萬里之廣土眾民而患貧者哉？

或疑建築太多，投機必盛，勢同賭博，中產易敗，貸款無歸，故德土地抵當銀行倒者至五家，羅馬亦有聞焉，街市抵押似不可行。豈知此論乃土地抵當盛後之事，與吾國今情無可抵押事勢相反。即試問巴黎市抵押占土地抵當銀行十之八，凡百萬萬，何有弊乎？若吾國今無起本之地，尤不可因噎廢食也。（論詳見下）

今吾國經破壞後，民尤貧，地宅尤賤，不能比昔時，若善為勸業銀行補助於上，大獎興業銀行鼓行於下，以不動產為抵押，廣興電車、電廠、鐵路、輪船、自來水、煤氣燈、排洩渠及開河渠、修馬路之業，以業生業，以富生富，但起本有賴，一年之間舉國變色，三年而規模有效，五年而民豐足，十年而農、工、商、礦之業覇於大地矣。

十一、設股票交易所

何以設股票交易所也？吾國商務不振，資本乏絕，今人人政策皆知不昌實業不能富國矣。然實業出於資本，資本有實有虛。各國股票日日出售，商店人家可藉抵押，銀行可以為保證準備，於是紙幣可以多出，蓋與公債同一妙用焉，皆以為增資本之法。若股票不日售，而為私人定質，則商店抵押無物，銀行無以為保證準備，而紙幣不能多出，即資本不能大增。故以金為商務公司資本同，而股票流通則為生產物，股票不流通則為不生產物。股票流通則可化一為萬，股票不流通則以一為一，止是不生而無用矣。同有金錢資本而善用焉，與不善用相去如此其遠也！吾國商務，股票皆一二人一二家之私業定質，而不能流通，別為生產，商店不能抵押，銀店不能以為保證準備，欲多行紙幣，其道無由。雖欲增資本，孰從而增？蓋無股票交易所以為之流通故也。

且股票交易之法非止為增保證準備多出紙幣而已，又有非常大利存焉。歐、美公司之法，股票散之市，有注名者，有不注名者。其購得公司之股票者，其望收得公司之溢利者少，望日以其股票售之市場而獲利者尤多且大也。蓋商務之溢利吾國必一年乃計而分之，股票交易之溢利則日日可得，且有驟漲。夫歲分溢利與日分溢利相距以三百六十倍計，則至相遠也。入紐約之股票交易所，開於晨九時，散於午十二時，購客列坐爭呼於樓，主者高聲算畫於下，數時之間，商務交易以二十萬萬計。有大贏者，有大敗者，大贏有至萬萬者，於是傾動國產焉，片時片紙，畫諾飛電而畢矣。夫以二十萬萬之貿易，若運致金錢而彼此數之，懋遷商貨而論價移貨，費千夫之力，十日之工，以市易數百萬者，恐未易集事也。若加數百倍而為二十萬萬，恐吾中國之大，人民之眾，終歲商賈之勞働，亦不及此也，然不過紐約半日早市之交易耳。紐約市易固日日有此，則一市而當吾全國三百六十倍之交易也。

夫交易大而多之者，工商盛而資本繁，市易少者，工商少而資本少，即可以其倍數計之。此吾國所以極貧，舉四萬萬人之富力而不足當歐、美市場之一吸也。夫貧富之競，十則下之，百則奴之，千則滅之。當商爭之世而若此，能不為奴滅乎？

或者曰，此投機也，得無害民？然以紐約計之，就購股票者均計得失，勝者七十五，敗者二十五，以多數取決，則從其勝者，所謂兩害相形則取其輕兩利相形，則取其重也。故紐約市三十年前無股票競賣時，富百萬者僅百人，富千萬者寥寥，自有股票競賣後，富千萬者百人，富百萬者千人，此其成效不可廢矣。然架空賣空皆以一紙，積三十年銀行必一倒敗，美人早知之。至丁未年冬，未及三十年，美銀行累至大倒，其已事矣。美中富人懸重賞以求銀行免倒之術，至今未得。而大利所在，歐、美行之如故而益盛，卒不能因一噎而廢食也。

或疑商務之股票日轉，人不望商利之溢，則公司工商之業豈不敗壞，則不然也。歐、美人之為商業，其立法至巧妙矣。彼招股之董事，必富實或有才望之人也。彼之督勸其工商業，至精且勤，惟恐其無溢利也。惟其諸董事所醵之資，必已過其公司之半數，而後有權操縱其商業與資本焉，其所溢利者，過半為諸董事所坐收者也。

雖然，其中更有妙法焉。公司無溢利，則股票無人過問，欲出售而不能也；公司常溢利，則股票永不落，諸董事亦無妙法以獲無窮之利。於是諸董事時為起落，任其報告焉。當股票大漲之時，將其所有之股票大售之，則獲大利焉。已而巧報商務不前，令股票驟落，而復以賤價收之，又獲大利焉。頻為起落，則同一商業之中，而獲利無算矣。購得股票之股東，既以股票日售之買之，不過借股票以為競博之計，於其本店之贏虧與否，得利與否，意不在是，不過計也。其得股票也，如五日京兆，如旅人三宿，既不望其終歲之溢利，亦不憂其終歲之虧敗，故不憂其商業之奸欺也，是以其信公司而購股票易也。若其督商務之實業，收商業之實利，勝則大益，敗則大虧者，彼諸董事十數人，或大股東百數十人而已。然是諸董事及大股東，既有股票漲落之頻獲其利，又是十數人與百數十者；皆互能監督稽察，而無能欺之者，亦與吾小工商業之屬於一二人以便於督察同也。是以其工商之業甚穩而日精進也。

雖然，其任意報告，時為漲落，亦必稍依實事，以信眾聽，而不欲行欺盜焉。蓋在半虛半溢實之間，以行其或漲或落之術，其妙用亦與公債、紙幣等。故諸董事者既獲一年中商實業之利，又獲無量數股票漲落之溢利，虛實並進，化一為二，為數數，故其致富易也。歐、美中商人，但能積資望為人信從可招股者，必致巨富，用此道也。若如吾國，某某鐵路，某某公司，純行欺盜以求利者，則無恥而又無術，又歐、美公司之所不屑為也。

今吾國公司不為人信，則股票不盛，而大工商業不成。若有股票市易所以流轉股票焉，令大股東為董事者得務其實業，又時其漲落以獲利，自不屑為欺盜之舉。令小股東競買股票而日售之，不理公司之贏虧與否，自不致視公司為不信用也。然則必有股票市易所，而後公司乃見信，而獲利乃可大增也。

或謂公司既多，則小者必併於大，而大公司必併於托拉斯，加投機無定，中人之產必為吞敗，競股票市易所之不可行。此未審中國今日之情勢也。中國今者公私交匱，幾成赤地，全在增資本，獎富貴耳。資本增矣，富豪多矣，而後貧者依以謀生，中產得以漸富，地利賴以廣闢，大工大商賴以舉辦，而後國賴以立。吾遊美西烈論（Redlanbs）之鄉[1]，闢山六年耳，而十里之中，樓閣抗山，園林繡野相望，電車曲折畢至，銀行、信館、戲園、公會之地畢備，且妙麗幾冠美國矣，則紐約數十富人合資營之也。又布滿（Beaumont）之有火

---

1 烈論（Redlands），〈物質救國論〉作叻論。

油[2]，表（Butte）之有佳礦[3]，一呼而集，期月而成大市，地利咸出矣。吾國若多富豪如迦利忌（Carnegie）、落基花路（Rockefeller）、摩根（Morgan）者，豈止內地之農、工、商、礦可大起，即遠邊之遼、蒙、回、藏之實利可速拓殖，中國之貧民豈復憂生？中國之富源豈可思議也？故今全國才英竭才盡智，皆以為增資本，獎富豪計耳。若遽憂股票市易之有弊與夫投機之有害也，是與不識中國之奇窮而欲行社會均產之法無異也。知防弊之義，而不知獎富之謀，是與於顛倒本末之甚者也。吾固持賭博之害者，然非以論於救今中國奇窮之時也。此段本不欲附入，恐有獎勵投機之疑。然實不能抑也。但當節之。附注於此。

今令各通商大市開股票交易所，以漸推行於內，又曉令各公司商店，以商業註冊，製為股票以出售，各報推發之，則股票流通，商店可以抵押，銀行可以為保證準備，紙幣可為多出，而後資本可計日大增也。若慮投機不穩，則政府可隨時禁限之。然投機之業今未能開，即開之，亦止可本國自為競爭，而萬不可與外競。去年橡樹之虧[4]，可為殷鑒。蓋以瓜皮小艇而與四萬噸之鐵艦競走，未有能任其浪者。是則可戒也。

---

2 布滿，Beaumout，美國德克薩斯州（Texas），油區之一，亦煉油中心之一。

3 表，Butte，美國蒙大諾州（Montano），世界大礦業中心，產銅、銀、金、錫、鋅、錳。

4 去年橡樹之虧，當指一九一〇年四月美國橡膠市場大波折，當時價格由每磅美金二元七分忽漲至三元一角二分，後又狂跌，商人大虧。

十二、結語

以吾此說行之，先定國民銀行，以集中央銀行之資本公債，而發行紙幣於上；各省、縣、鄉有組合銀行，以交通國民於中；有勸業、興業銀行，股票交易所，以裕民於下；有正金銀行以平通匯兌借貸外債於外；有特權銀行以闢富源佐邊用於邊：數者並舉，而中國猶患貧者，未之有也。

此稿成於夏初，於今半歲矣。天下古今無以借貸立國者，前清鐵道小借，國人尚譁攻，而今銀行團大借債以為常經，與蒙、藏之分經歲日譁焉，乃國人無拒之者。外人深悉吾困絕，此蒙、藏所由益急，而瓜分愈速也。今舉國人發憤徵庫，而不早謀財政、何以為徵？竊謂今國民若憂蒙、藏，慮瓜分，亟亟合輸股本成一萬萬之國家大銀行，至少亦得五千萬之銀行，以山西幫為主，而各匯業錢莊助之。國家大銀行成，而後吾國有自立之基，有拒瓜分之望，觀法事可鑒也。否則終日譁囂，只有待亡而已！

壬子冬，有為又記。

附錄
外國專名原文與譯名對照表

《物質救國論》外國專名與譯名對照表

外國專名	本篇中譯	當代通行中譯
Aden	亞丁	
Alexander III	亞力山大（三世）	
Allegheny .Mts.	阿耳頻山（？）	阿利根尼山
Amsterdam	鴿士道大	阿姆斯特丹
Anson, George	晏遜	
Appalachian Mts		阿帕拉契山
Aristotle	亞里士多圖	亞里士多德
Arkwright, Richard	阿克來	
Armstrong, William George	阿姆士莊	
Bacon, Francis	倍根	
Baltimore	波利磨	巴爾的摩
Berkeley	卜忌利	柏克萊
Birmingham	栢明濂	伯明罕
Bismarck	俾士麥	
Blohm & Voss	支蒲羅	
Boer	波，波國	波爾
Boston	波士頓	
Buffon, de	勃豐	
Calcutta	加拉吉打	加爾各答
Cambridge	監布列住	劍橋
Carnegie, Andrew	卡利忌	卡內基
Chicago	芝加高	芝加哥
Columbia University	哥林布（大學）	哥倫比亞（大學）
Condorcet, Marquis de	刊多爾舍	
Cook, Captain James	甲頓曲	庫克船長
Cornell University	刊尼爾（大學）	康乃耳大學
Corinth	哥林多	科林斯
Crompton, Samuel	克蘭布敦	
d' Alembert, Jean Le Rond	陀林比	
Denmark	丹墨	丹麥

外國專名	本篇中譯	當代通行中譯
Descartes, René	笛卡兒	
Diderot, Denis	智德路	狄特麓
Douglas, William Lewis		道格拉斯
Dreyse, Johann Nikolaus von	得賚賜	
Dundonald, Earl of	顛當（伯）	
Edinburgh	噫顛堡	愛丁堡
Eliot, Charles	義律	
Fery, Jules Francois Camille	福利	
Florence	佛羅鍊士	弗羅倫斯
Franklin, Benjamin	富蘭克令	
Flottenverein, Deuscher	富蘭德令士	德意志海軍協會
Giles, Herbert Alle	齋路士	翟爾士
Glasgow	拉士貢	格拉斯哥
Gonzaga	今抓拉	岡查加
Gooding, Frank R.	古定	
Guatemala	古德瑪	危地瑪拉
Haiti	黑都	海地
Hamburg-Amerika linie	美利加公司	
Hegel, Georg Wilhelm Friedich	黑智耳	黑格爾
Herder, Johann Gottfried von	雅得	赫得
Hobbes, Thomas	霍布士	
Idaho	埃利荷	愛達荷
Kansas City	乾沙埠，乾沙色地	堪薩斯城
Kant, Immanuel	康德	
Krupp, Friedrich	克虜伯	
Lea, Homer	堪罵李	咸馬利
Locke, John	巴登	洛克
Los Angeles	羅生技利，羅生	洛杉磯
Madagascar	馬達加斯加	
Magellan, Ferdinand	墨領	麥哲倫

外國專名	本篇中譯	當代通行中譯
Malaya	巫來由	馬來亞
Manby, Aaron	墨邊	
Manila	馬尼拉	
Milan	美蘭	米蘭
Mill, James	彌兒	
Monroe, James	孟祿	門羅
Montesquieu	孟的斯鳩	孟德斯鳩
Morgan, John Pierpont	摩根	
Murdock, William	馬篤	
New Castle	新藟	新塞
New Haven	紐嬉份	新哈芬
New Orleans	鳥柯連	新奧爾良
Nicaragua	尼加拉	尼加拉瓜
Nicholas II		尼古拉二世
Oakland	惡倫	奧克蘭
Oxford	惡士佛	牛津
Peter, Czar	彼得帝，大彼得	
Philadelphia	費城	
Phillipines	菲烈濱	菲律賓
Pittsburg	必珠卜	匹茨堡
Plato	伯拉多	柏拉圖
Raphael	拉飛爾	
Redlands	叻論	
Rockefeller, John Davison	落機花路	羅克菲洛
Rocky Mts.	洛機山	
Roosevelt, Theodore	羅士佛	羅斯福
Rousseau, Jean Jacque	盧騷	
Rupert		
Salem	西林	塞倫
Sèvres	賒華	

外國專名	本篇中譯	當代通行中譯
San Francisco	三藩息士高	舊金山
Sencer, Herbert	斯賓塞	
Sppokane	士卜梘	
Stanford University	斯丹佛（大學）	史丹福大學
Stettin	司德定	斯波坎
Tunesia	突尼斯	
Tturkey	突厥	土耳其
Vancouver	灣高華	溫哥華
Voltaire	福祿特爾	伏爾泰
Vulkan	伏爾鏗	
Washington, D. C.	華盛頓	
Washington, George	華盛頓	
Watt, James	華忒	瓦特
Wedgwood, Josiah	覓哲活	
Willamete University	威拉米特大學	
William II	威廉二世（德）	
Yale University	耶路（大學）	耶魯大學
Zaandam	山泵	山達姆

《理財救國論》外國專名與譯名對照表

外國專名	本篇中譯	當代通行中譯
Baden	巴登	
Bangkok	濱角	曼谷
Batavia	不打喂	巴達維亞
Bayern（Bavaria）	拜認	拜恩（巴伐利亞）
Beaumont	布滿	
Butte	表	
Bremen	伯雷問	不來梅
Bulgaria	布加利牙	保加利亞
Brestel, Rudolf	布黎士的	
Clive, Robert	克壯飛	克來武
Denmark	丹墨	丹麥
Frederick the Great	大非特獵	菲德烈大帝
Hastings, Warren	哈士丁斯	
Honolulu	漢那櫨路	檀香山，火奴魯魯
Ireland	阿爾蘭	愛爾蘭
Luzzatti, Luizi	盧薩志	
Philadelphia	費釐地費	費城
Redlands	烈論	
Spain	班	西班牙
Stockholm	士多貢	斯德哥爾摩
San Francisco	三藩息士高	舊金山
Sidney	雪黎	
Turkey	突厥	土耳其
Vancouver	灣高華	溫哥華
Victoria	槭多利	維多利亞
Witte, Count Sergie Yulievich	槐脱	維特

血歷史185　PC0896

新銳文創
INDEPENDENT & UNIQUE

康有為的強國夢：
《物質救國論》、《理財救國論》

原　　著	康有為
輯　　註	徐高阮
主　　編	蔡登山
責任編輯	姚芳慈
圖文排版	楊家齊
封面設計	蔡瑋筠

出版策劃	新銳文創
發 行 人	宋政坤
法律顧問	毛國樑　律師
製作發行	秀威資訊科技股份有限公司 114 台北市內湖區瑞光路76巷65號1樓 電話：+886-2-2796-3638　傳真：+886-2-2796-1377 服務信箱：service@showwe.com.tw http://www.showwe.com.tw
郵政劃撥	19563868　戶名：秀威資訊科技股份有限公司
展售門市	國家書店【松江門市】 104 台北市中山區松江路209號1樓 電話：+886-2-2518-0207　傳真：+886-2-2518-0778
網路訂購	秀威網路書店：https://store.showwe.tw 國家網路書店：https://www.govbooks.com.tw

出版日期	2020年9月　BOD一版
定　　價	280元

國家圖書館出版品預行編目

康有為的強國夢：《物質救國論》、《理財救國論》/
康有為原著；徐高阮輯註；蔡登山主編. --
一版. -- 臺北市：新銳文創, 2020.09
面：　公分. --(血歷史；185)
ISBN 978-986-5540-12-8(平裝)

1. 康有為 2. 學術思想

128.2　　109011344

讀者回函卡

感謝您購買本書，為提升服務品質，請填妥以下資料，將讀者回函卡直接寄回或傳真本公司，收到您的寶貴意見後，我們會收藏記錄及檢討，謝謝！
如您需要了解本公司最新出版書目、購書優惠或企劃活動，歡迎您上網查詢或下載相關資料：http:// www.showwe.com.tw

您購買的書名：________________________________

出生日期：________年________月________日

學歷：□高中（含）以下　□大專　□研究所（含）以上

職業：□製造業　□金融業　□資訊業　□軍警　□傳播業　□自由業
　　　□服務業　□公務員　□教職　□學生　□家管　□其它____

購書地點：□網路書店　□實體書店　□書展　□郵購　□贈閱　□其他

您從何得知本書的消息？

□網路書店　□實體書店　□網路搜尋　□電子報　□書訊　□雜誌
□傳播媒體　□親友推薦　□網站推薦　□部落格　□其他________

您對本書的評價：（請填代號　1.非常滿意　2.滿意　3.尚可　4.再改進）

封面設計____　版面編排____　內容____　文／譯筆____　價格____

讀完書後您覺得：

□很有收穫　□有收穫　□收穫不多　□沒收穫

對我們的建議：________________________________

____

____

____

請貼
郵票

11466
台北市内湖區瑞光路 76 巷 65 號 1 樓

秀威資訊科技股份有限公司 收

BOD 數位出版事業部

………………………………………………………………………………

（請沿線對折寄回，謝謝！）

姓　　名：＿＿＿＿＿＿＿＿　年齡：＿＿＿＿　性別：□女　□男

郵遞區號：□□□□□

地　　址：＿＿＿＿＿＿＿＿＿＿＿＿＿＿＿＿＿＿＿＿

聯絡電話：（日）＿＿＿＿＿＿＿＿（夜）＿＿＿＿＿＿＿＿

E-mail：＿＿＿＿＿＿＿＿＿＿＿＿＿＿＿＿＿＿＿＿